KIT DE HERRAMIENTAS PARA LA DEPRESIÓN

Alivio rápido para mejorar el estado de ánimo, aumentar la motivación y sentirse mejor ahora

William J. Knaus, EDD • Alex Korb, PHD
Patricia J. Robinson, PHD
Lisa M. Schab, LCSW • Kirk D. Strosahl, PHD

KIT DE HERRAMIENTAS PARA LA DEPRESIÓN

Alivio rápido para mejorar el estado de ánimo, aumentar la motivación y sentirse mejor ahora

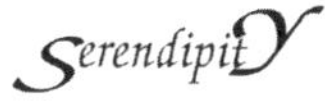

Desclée De Brouwer

Título de la edición original:
The Depression Toolkit.
Quick Relief to Improve Mood, Increase Motivation & Feel Better Now

Traducción:
Fernando Montesinos Pons

Henao, 6 - 48009 Bilbao
www.edesclee.com
info@edesclee.com

Printed in Spain
ISBN: 978-84-330-3272-0
Depósito Legal: BI-00924-2024
Impresión: Grafo S.A. - Basuri

ÍNDICE

Parte II
Desengancharse cuando se está deprimido

Parte III
Vencer la desesperanza y la baja motivación

Parte IV
Hacer cambios de hábitos sencillos que agradecerás después

Parte V
Hacer frente a las cosas difíciles

INTRODUCCIÓN

Vivimos tiempos extremos e inciertos. Desde los desastres naturales a los recortes de personal y la automatización, pasando por pandemias mundiales que antes parecían inimaginables –por no hablar de la división política con respecto a todo lo anterior–, tenemos más que suficiente para sentirnos tristes, desesperanzados y deprimidos.

Al coger este libro, probablemente buscabas aliviar la carga que suponen los pensamientos negativos, los pensamientos obsesivos sobre cosas que no mejorarán o la sensación de agobio y «sinsentido» que la depresión deja en tu cuerpo. Este libro te ayudará a sentirte mejor, pero es importante que sepas que tus sentimientos son válidos. Hoy en día, puede resultar difícil *no* sentir que nada de lo que puedas hacer cambiará ni el mundo ni tus sentimientos, o que nada mejorará. Estas preocupaciones también son válidas, y este libro te ayudará a afrontarlas de un modo productivo.

Creemos que este libro puede resultarte de ayuda... también para los días malos. Las técnicas de este kit de herramientas de salud mental pueden proporcionarte un merecido descanso de los pensamientos depresivos y del bajo estado de ánimo a fin de que, de este modo, puedas centrarte en sentirte mejor en el aquí y ahora.

En este pequeño libro, hemos recopilado los ejercicios, técnicas y prácticas más sencillos y eficaces para reducir la depresión de la mano de los mejores expertos en salud mental. Todas estas técnicas proceden de tratamientos basados en pruebas. Con «basados en pruebas» queremos decir que las herramientas que presentamos en este libro han sido testadas y aprobadas en laboratorios de investigación de todo el mundo y han funcionado durante décadas con muchos clientes.

Quizá hayas oído hablar de la terapia cognitivo-conductual, de la terapia de aceptación y compromiso o de la neurociencia. De ser así, puede que te hagas una idea de cómo te ayudará este libro. De no ser así, no te preocupes. No es imprescindible conocer estas terapias para sacar el máximo partido a este libro. Aquí queremos centrarnos en mejorar tu estado de ánimo, en ayudarte a comprender mejor tus pensamientos y en asegurarnos de que vives de acuerdo con lo que realmente te importa.

Este libro empieza enseñándote técnicas para reducir el tipo de pensamiento en espiral que presenta la depresión antes de comenzar el trabajo más difícil de controlar el modo en que te sientes. Te recomendamos que, en la medida de tus posibilidades, leas el libro de principio a fin, porque es más fácil trabajar en tu depresión una vez que has establecido una línea de base de calma o no reactividad.

El libro que tienes entre tus manos también está diseñado para brindarte lo que necesitas cuando lo necesitas, de modo que no tienes que probar todas las técnicas si ya sabes lo que funciona en tu caso. Del mismo modo, si descubres que el ejercicio de *mindfulness*, por ejemplo, funciona bien en tu caso, conviértelo en un hábito y avanza a la siguiente parte. Todas las técnicas aquí reunidas pueden utilizarse según sea necesario y a demanda. Son lo bastante flexibles como para funcionar con cualquier tipo de depresión, pensamiento o sentimiento, así que siéntete libre de alternarlas. Quizás dejar el libro en la mesita del salón –o en otro lugar de fácil acceso– pueda ayudarte a conseguir alivio cuando lo necesites.

A medida que avances por estas páginas, intenta aportar toda la alegría que puedas a estos ejercicios y técnicas. Sabemos que puede ser duro cuando estás pasando por dificultades. Pero hazlo lo mejor que puedas. Es importante mantener la mente abierta. Dicho esto, si sientes que algo no funciona en tu caso, déjalo y pasa a otra cosa. En estas páginas, tú eres la prioridad.

Estos tiempos son realmente angustiosos, pero encontrar un momento para cuidar de tu salud mental no tiene por qué serlo. Con esto en mente... respiremos hondo y empecemos.

I

REFUGIARSE DE LOS PENSAMIENTOS NEGATIVOS

1

ELEGIR PENSAMIENTOS POSITIVOS

Qué debes saber

El modo de pensar de las personas afecta directamente a su estado de ánimo. Una forma de combatir los sentimientos de depresión es practicar el pensamiento positivo en vez del negativo.

Cameron acababa de llegar a casa del trabajo y se sentía deprimido. Su pareja notó que parecía triste y le preguntó cómo le había ido el día. Cameron dijo que le había pasado algo terrible: había recibido un premio por su rendimiento en el último trimestre.

Su pareja le preguntó por qué eso le hacía sentir así. Cameron dijo que no creía merecer el premio, y que ahora se sentiría presionado para estar a la altura. Entonces Cameron dijo que en la oficina le iban a dar una fiesta. Su pareja dijo que eso sonaba divertido, pero Cameron le dijo que la fiesta sería en un restaurante que le traía malos recuerdos: fue el último sitio en el que había estado con su exnovia antes de que ella rompiera con él.

Cuando la pareja de Cameron le sugirió que intentara ir de todas formas, este le dijo que había algo más. El director le había obsequiado con un cheque regalo para una tienda de música que se encontraba en un centro comercial cercano. Parecía un regalo apropiado y generoso, pero Cameron le recordó que odiaba ir al centro comercial porque era muy ruidoso y siempre estaba abarrotado.

Finalmente, la pareja de Cameron le dijo: «Las situaciones no son negativas o positivas en sí mismas. Es el modo en que elegimos pensar en ellas lo que nos hace sentirnos felices o deprimidos. Te sientes deprimido porque eliges tener los pensamientos más negativos posibles sobre todo. ¿Y si intentaras tener pensamientos más realistas y buscar los positivos siempre que te sea posible? Quizás te sientas mucho mejor». Hablaron de ello juntos, y Cameron decidió que trataría de cambiar algunos de sus pensamientos oscuros.

El pensamiento negativo *No merezco el premio; ahora me sentiré presionado para estar a la altura* se convirtió en el pensamiento positivo *Confío en el criterio del director. Si él me eligió para el premio, debo merecerlo.*

El pensamiento negativo *Me sentiré fatal yendo a ese restaurante a causa de los malos recuerdos* se convirtió en el pensamiento positivo *No puedo evitar ese restaurante para siempre. Esta es una buena oportunidad para crear nuevos recuerdos positivos allí.*

Cameron descubrió que cuando cambiaba sus pensamientos de negativos a positivos, su estado de ánimo también cambiaba.

Qué puedes hacer

Cambiar nuestros pensamientos para cambiar nuestros sentimientos es una idea sencilla, pero no siempre resulta fácil de realizar. Algunas situaciones de la vida son muy difíciles, y no resulta sencillo pensar en ellas de un modo positivo.

Elige una situación de la siguiente lista y, a continuación, escribe una afirmación negativa que podría hacer que alguien se sintiera deprimido por ella, seguida de una afirmación positiva que podría hacer que alguien se sintiera feliz por ella.

- Ser el más joven de la familia.
- Ser muy alto.
- Ir a una fiesta.
- Tener un cachorro nuevo.
- Ser elegido delegado de clase.
- Cierre del colegio a causa del mal tiempo.
- Ser el primero en presentar un informe.
- Ser hijo único.
- Ser el último de la fila en la montaña rusa.
- Mudarte a otra ciudad.

A continuación, piensa en algo que te haya ocurrido en la última semana y por lo que te hayas sentido feliz.

Recuerda todos los pensamientos positivos a los que recurriste para sentirte feliz por ello.

Trae ahora a tu mente dos o más pensamientos negativos que podrían haberte hecho sentir deprimido por el acontecimiento.

A continuación, invierte el orden. Piensa en algo que te haya sucedido en la última semana y por lo que te hayas sentido deprimido. Enumera algunos de los pensamientos negativos que te dijiste a ti mismo y que te hicieron sentir deprimido.

Busca ahora una hoja de papel en blanco o abre la *app* de notas de tu teléfono y escribe dos o más pensamientos positivos que podrían haberte hecho sentir feliz por el suceso.

¡Recuerda que tú eres el único que puede elegir tus pensamientos!

2

LA RESPIRACIÓN DE LA VIDA

Qué debes saber

La respiración es el centro de tu ser. No solo controla el acto por el cual inspiras y espiras, sino también tu ritmo cardíaco, las ondas cerebrales, la temperatura de la piel y otras muchas funciones biológicas básicas. Casualmente, se ha observado que la respiración profunda y normal ayuda a regular a la baja el sistema de lucha o huida del cerebro, que es una fuente de energía negativa para la mente reactiva –la parte de nuestra mente en la que nuestros pensamientos y nuestras emociones pueden descontrolarse–. Así pues, lo que llamamos respiración abdominal en realidad optimiza las vías neuronales responsables de calmar el sistema nervioso y producir un estado que podemos llamar «mente sabia»: un estado mental en el que podemos utilizar nuestras facultades racionales y emocionales con flexibilidad para actuar de modos que nos sirven y nos alivian.

De hecho, el término budista para este tipo de práctica de respiración profunda es *pranayama*, que significa literalmente «la respiración de la vida». ¿Cómo de poderoso es el pranayama? Las investigaciones muestran que las personas que pueden ser conscientes de cada respiración manifiestan una mayor capacidad de prestar atención en la vida real, menos ensoñaciones y divagaciones mentales, así como un estado de ánimo más positivo y menos depresivo (Levenson, Stohl, Kindy, and Davidson 2014). ¡Se observó que los beneficios de esta práctica respiratoria se produjeron dos semanas después de comenzar!

Qué puedes hacer

Busca un lugar cómodo para sentarte y asegúrate de que la ropa que llevas no te aprieta y puedes respirar profundamente. Coloca tu cuerpo en una posición cómoda y cierra los ojos durante unos minutos. Empieza centrando tu atención en la respiración. Limítate a observar tu respiración durante un momento sin intentar cambiarla de ningún modo. Tómate tu tiempo para estar presente con tu respiración. Este es el momento presente de tu vida, y no hay razón para precipitarse. Date permiso para inspirar y espirar como a tu cuerpo le apetezca.

Imagina ahora que hay un globo en tu vientre que quieres llenar con el aire que inspiras. Al inspirar muy lenta y profundamente, estás llenando el globo de tu vientre. Cuando estés llenando el globo, notarás que tu vientre empuja hacia fuera y hacia abajo. Cuando el globo esté lleno, haz una pausa de un segundo y luego deja que el aire salga gradualmente del globo. Cuando vacíes el globo, advertirás que tu vientre tira ligeramente hacia dentro y hacia arriba. Al inspirar y espirar, el pecho y los hombros deben permanecer casi inmóviles. Si notas que el pecho y los hombros suben y bajan, intenta enviar la respiración al vientre y deja que el pecho y los hombros permanezcan quietos y relajados.

Ahora, al inspirar, aprieta los labios y hazlo por la nariz. Percibe la sensación del aire subiendo por la nariz y bajando hacia el globo de tu vientre. Imagina este flujo de aire como el mango de un paraguas al revés. Comienza en el extremo torcido del mango del paraguas, lleva luego la respiración hacia arriba por la nariz y hacia abajo por el mango hasta el globo. Al espirar, abre los labios e invierte la dirección de la respiración a lo largo del mango del paraguas. Tu respiración sale del globo, sube por la parte larga y recta del mango, luego se desplaza por el arco y sale por la boca. Ahora, mientras sigues centrando tu atención únicamente en la respiración, advierte cualquier sensación que experimentes mientras la respiración entra por la nariz y vuelve a bajar hasta el vientre. ¿Notas la temperatura del aire al entrar? ¿Qué sientes cuando pasa por la nariz? Y al espirar, ¿parece el aire cálido o húmedo al pasar por tus labios? Si observas que tu atención se desvía de la respiración, redirígela suavemente hacia lo que has venido a hacer aquí. Continúa llenando y vaciando el globo durante cinco minutos.

Qué más puedes hacer

¿Qué experimentaste al practicar este ejercicio básico de respiración? ¿Pudiste llenar conscientemente el globo de tu vientre? ¿Notaste que tu mente divagaba mientras respirabas? ¿Fuiste capaz de volver a centrar tu atención y concentrarte en la tarea que tenías entre manos?

No te frustres si este ejercicio te resulta difícil al principio. Las cosas más sencillas, como respirar, pueden parecer una gran tarea mental cuando tu mente reactiva intenta interponerse. Te recomendamos encarecidamente que practiques este u otro ejercicio de respiración que te guste al menos una vez al día –mejor aún, varias veces al día, por la mañana, al mediodía y por la noche–. Cuanto más practiques, más te acostumbrarás a utilizar el momento presente a modo de ancla en el viaje de tu vida.

3

EL REGALO DEL MOMENTO

Qué debes saber

Algunas personas tienen la costumbre de mirar al futuro con un enfoque negativo. Pasan mucho tiempo prediciendo resultados negativos, pasando por alto las cosas positivas que les suceden en el momento presente. Esto contribuye a que se sientan deprimidas. Mantener la misma concentración mental en las cualidades positivas del presente puede ayudarte a combatir los sentimientos depresivos.

Elana trabajaba mucho, tenía amigos y una familia que la quería, y gozaba de un buen estado de salud. Sin embargo, cada día se sentía más deprimida. No parecía disfrutar de nada de lo que hacía, y pasaba más tiempo sola en casa con su ordenador que fuera con sus amigos. Su madre estaba preocupada y la llevó al médico para que la examinara.

El médico no pudo encontrar ningún problema físico en Elana, así que le preguntó cómo le iba la vida. Elana dijo que sentía que todo lo que hacía era inútil. Pasaba la mayor parte del tiempo trabajando a fin de avanzar en su carrera y de ganar más dinero. Pensaba que en el futuro tendría que trabajar aún más para pagar todas sus facturas y ahorrar lo suficiente para jubilarse. Y luego pensó que, después de tanto trabajo, probablemente sufriría un infarto y moriría. ¿Qué sentido tenía hacer algo?

Podemos ver que Elana se centraba en lo negativo. Los pensamientos que tenía probablemente reflejaban una realidad distorsionada. También le hacían más difícil enfrentarse al modo en que se sentía, por ejemplo, haciendo más cosas que la hicieran sentirse bien y viendo a gente que se preocupaba por ella.

Si luchas contra un enfoque negativo, ¿qué puedes hacer para ayudarte a ti mismo? Intenta buscar lo positivo –los regalos que están presentes en cada momento en que estamos vivos–.

Qué puedes hacer

- **Haz una lista de gratitud.** Cada día, escribe al menos cinco cosas por las que estés agradecido. Puedes elegir cualquier cosa, desde el hecho de que te gusta el color de tu habitación a reírte con un amigo o sacar una buena nota. Cuelga la lista donde puedas verla.
- **Planifica actividades que te guste practicar.** Haz una lista de actividades diarias y semanales con las que disfrutes: escuchar música, jugar con tu perro, ver películas, nadar o cualquier otra cosa que te haga feliz. Introdúcelas en tu agenda, de modo que tengas algo positivo que hacer todos los días.
- **Concéntrate en lo que estás haciendo en el momento presente.** Si estás comiendo helado, presta atención a su sabor, a su textura y a su color, así como a lo mucho que te gusta. Si vas en bici, presta toda tu atención a la experiencia –la sensación del camino, la libertad del viento en tu pelo y la diversión del paseo–.

- **Deja de centrarte negativamente en el futuro.** Si notas que tienes pensamientos negativos, repítete a ti mismo: ¡*Stop*! y, en vez de ello, dirige tu mente hacia algo positivo en el presente.

Durante la próxima semana, practica las sugerencias anteriores en tu propia vida. Al cabo de siete días, tu lista de agradecimientos debería tener muchos ítems. Elige las actividades placenteras que consideres que se pueden practicar cada día y semanalmente y con las que más hayas disfrutado. Conforme vaya pasando la semana, reserva un tiempo para reflexionar sobre qué has sentido al intentar cambiar tu enfoque esta semana. Evalúa qué te parece más natural –centrarte en el momento presente o pensar en el futuro– y por qué.

4

ENCONTRAR UNA METÁFORA POSITIVA

Qué debes saber

Uno de los hallazgos más significativos en la investigación cerebral sobre la depresión es que esta se asocia a una menor actividad en los lóbulos frontales derechos (Heller and Nitschke 1997). Esta es la parte de tu cerebro que hace el trabajo pesado de la creatividad, la curiosidad, la imaginación y el juego. Se activa al escuchar música o al quedar absorto en el arte. Es una parte juguetona y espontánea de tu cerebro que básicamente queda inactiva cuando estás deprimido. Pero activarla puede ayudar a combatir el bajo estado de ánimo. Creando metáforas positivas, utilizando símiles y escribiendo poesía, por ejemplo, puedes poner en funcionamiento esta parte derecha de tu cerebro. El efecto es algo así como encender una luz en la otra habitación y darte cuenta de lo agradable que sería quedarte allí un rato. Al participar en actividades que encienden esta parte de tu cerebro, dedicas pequeñas cantidades de tiempo a la intuición y a las capacidades artísticas que pueden ayudarte a procesar tus pensamientos y tus sentimientos de un modo constructivo y útil.

Una metáfora es una comparación figurada, como «la vida es una cornucopia». Hay muchas metáforas históricas sobre la depresión y el bajo estado de ánimo. Winston Churchill, por ejemplo, decía que su estado de ánimo deprimido era un perro negro que le seguía. «Una prisión bajo el estramonio», evoca otra imagen deprimente. «Atrapado en una tumba», capta otra.

Pero las metáforas también pueden señalar salidas a la depresión. Por ejemplo, cuando los vientos de la depresión descienden sobre ti, puedes ajustar tus velas para avanzar hacia puertos seguros. También puedes pensar en los murciélagos de la depresión que vuelan por la noche, a los que puedes despachar con la luz. Encuentra ahora una acción que te lleve a puerto y que lleve a los murciélagos a ponerse a cubierto.

Qué puedes hacer

1. Utiliza papel de borrador o tu *app* de notas para escribir la metáfora de la depresión que mejor funcione en tu caso –que te parezca vívida y fiel a tu experiencia– y sea algo en lo que puedas intervenir.
2. Ahora, justo debajo, crea una metáfora de acción positiva que contraste con tu metáfora de la depresión –del mismo modo que, digamos, puedes ajustar una vela cuando los vientos de la depresión amenazan con llevarte por mal camino–.

Qué más puedes hacer

Si quieres ampliar este ejercicio, podrías representar tu depresión a través de la poesía. Las rimas podrían describir la miseria. También podrías escribir un poema que mostrara cómo alejarse de la depresión. Piensa de forma creativa.

El filósofo Aristóteles dijo, hace unos dos mil quinientos años, que la vida y los acontecimientos tienen un principio, un desarrollo y un final. Lo mismo ocurre con la depresión. Y si aprendes lo que hay que hacer y aplicas lo que sabes, puedes hacer que termine antes. Utiliza tu imaginación del modo más constructivo que puedas. El hecho de dar un paso pequeño indica que has iniciado el proceso de realizar cambios personales positivos y de desenredarte de la red de la depresión: un lugar complejo y pegajoso al que pocos elegirían voluntariamente ir o quedarse.

5

PENSAMIENTOS DEPRESIVOS COMO HIPÓTESIS

Qué debes saber

A menudo, cuando estamos deprimidos, tenemos pensamientos como *Seguiré deprimido para siempre.* ¿Y si trataras este pensamiento como una hipótesis? Quizá no sea una declaración de la verdad, sino más bien una proposición que puedes poner a prueba. Y con este tipo de proposiciones, tu objetivo es experimentar para aprender cuáles se sostienen y cuáles no.

Así pues, la próxima vez que te sientas atascado en una línea de pensamiento depresivo, replantea la cuestión trasladándola desde un dogma depresivo a una hipótesis que puedas probar.

Qué puedes hacer

Usa el siguiente esquema para transformar tus pensamientos depresivos en hipótesis fluidas.

Pensamiento depresivo: *No puedo hacer nada bien.* → **Hipótesis:** *Mi hipótesis es que cualquier cosa que emprenda saldrá mal.*

Pensamiento depresivo: *Nunca dejaré de sentirme deprimido.* → **Hipótesis:** *Mi hipótesis es que la depresión durará para siempre.*

Ahora estás en una buena posición para comparar tus hipótesis con los resultados reales. Concéntrate un momento en un pensamiento depresivo que hayas tenido últimamente. Conviértelo en una hipótesis. Céntrate en las palabras, sobre todo en palabras como «haga lo que haga» y «para siempre». Pon a prueba las hipótesis en tu mente. ¿Se puede demostrar que son correctas? ¿Qué tendría que ocurrir para que quedara demostrado que lo son? Lo más probable es que las hipótesis sean demasiado rígidas o extensas –tendrías que pasarte toda la vida obteniendo datos suficientes para demostrar que son correctas–. Al convertir los pensamientos depresivos en afirmaciones para las que necesitamos encontrar pruebas, encontramos las ficciones que habitan en el corazón de nuestro pensamiento. El mero hecho de insinuar el terreno inestable sobre el que se asientan estos pensamientos nos ayuda a despojarlos de su poder.

6

DETECTAR LOS ENGAÑOS DEPRESIVOS

Qué debes saber

Normalmente la gente no se esfuerza conscientemente por engañarse a sí misma. Más bien, tienen algunos hábitos mentales de autoengaño.

Cuando estás deprimido, ¿cómo sabes cuándo te estás engañando a ti mismo? Un modo de comprobarlo es examinar a fondo un pensamiento recurriendo a un proceso fácil de replicar llamado Lista de Control de la Verosimilitud. En este proceso vas a:

1. Enunciar la presunta idea depresiva.
2. Hacerte cinco preguntas de verosimilitud.
3. Responder a cada pregunta con un simple sí o no.
4. Razonar tu conclusión.

Por ejemplo, supongamos que tu amigo Bart te pidió dinero prestado con el falso pretexto de que lo necesitaba de forma temporal para mantener su negocio en funcionamiento. En vez de eso, se jugó el dinero con la esperanza infausta de ganar lo suficiente para pagar los gastos de su negocio y devolvértelo. Ahora no puede hacerlo.

Idea depresiva: *Nunca superaré la traición de Bart y sufriré para siempre.*

He aquí cinco preguntas de verosimilitud que podrías hacerte para desafiar la idea depresiva:

1. **¿Parece verosímil esta idea?**

   Hay una verdad parcial aquí. Las traiciones afectarán negativamente a la mayoría de las personas razonables. Sufrir una pérdida económica por un engaño puede ser emocionalmente estremecedor. Sin embargo, decir que sufrirás para siempre es llegar a una conclusión precipitada.

2. **¿Coincide la idea con las experiencias vitales esperadas?**

   Sí. Las traiciones son inevitables en la vida.

3. **¿Es esta idea coherente con los hechos conocidos o las probabilidades?**

   Es razonable predecir que puedes perder el dinero que prestas a una persona que apuesta. Es menos razonable predecir que cargarás para siempre con los resultados de una traición. Eso sería como dar un salto mágico de lo que es remotamente posible a lo que es seguro.

4. **¿Hay alguna ventaja en creer esta idea?**

   No hay ninguna ventaja saludable en creer que sufrirás eternamente.

5. **¿Estarían de acuerdo con esta idea personas bien informadas y racionales?**

   La mayoría estaría de acuerdo en que el engaño de Bart supuso un coste. Sentirse mal por la traición y la pérdida es razonable. Desconfiar de Bart ahora tiene sentido. No es necesario generalizar en exceso y esperar sufrir para siempre.

En definitiva, la idea de sufrir eternamente no encaja con la experiencia. La depresión remite. El dinero perdido a veces puede recuperarse.

Qué puedes hacer

La Lista de Control de la Verosimilitud te ayuda a obtener una perspectiva sobre tu propio pensamiento y a eliminar los autoengaños. Pruébala y verás. Piensa en tu último pensamiento depresivo:

- Enuncia la presunta idea depresiva.
- Hazte cinco preguntas de verosimilitud:
  1. ¿Parece verosímil esta idea?
  2. ¿Coincide la idea con las experiencias vitales esperadas?
  3. ¿Es esta idea coherente con los hechos conocidos o las probabilidades?
  4. ¿Hay alguna ventaja en creer esta idea?
  5. ¿Estarían de acuerdo con esta idea personas bien informadas y racionales?
- Responde a cada pregunta con un simple sí o no.
- Razona tu conclusión.

Reconocer los pensamientos depresivos, categorizarlos y cuestionar su validez constituye un remedio para la depresión con un gran beneficio secundario. Puede que te encuentres cada vez más alerta ante las generalizaciones excesivas, ante los sesgos y ante el pensamiento distorsionado de los demás, como los de conocidos comentaristas de noticias y expertos políticos que eluden sistemáticamente las cuestiones y tergiversan la realidad mediante generalizaciones excesivas y otros tipos de distorsiones cognitivas. Sin embargo, el cambio más importante es que puedas reconocer que hay muchos modos de ver y categorizar el pensamiento negativo, y que puedes elegir cómo hacerlo.

7

¿EN QUÉ LÍNEA TEMPORAL TE ENCUENTRAS?

Qué debes saber

Para ayudarte a aprender el modo de entrar en el momento presente y permanecer en él tanto como te sea posible, hagamos un ejercicio para averiguar en qué zona del tiempo –pasado, presente o futuro– habitas en este momento. Piensa en el tiempo como un *continuum* que va desde tus recuerdos más remotos de la primera infancia hasta las proyecciones futuras que llegan hasta el momento de tu muerte –y posiblemente más allá–. No hay nada bueno ni malo en el hecho de que tu mente se oriente en una dirección u otra, así que intenta no pensar en esos términos. El objetivo es simplemente llegar a conocer tu mente reactiva y comprender mejor sus preferencias.

Qué puedes hacer

En el gráfico del *continuum* temporal, el momento presente se encuentra en el centro de la línea. Coloca ahí tu dedo índice y sigue leyendo.

Línea temporal				
Pasado lejano	Pasado reciente	Momento presente	Futuro cercano	Futuro lejano

El primer paso de este ejercicio consiste en cerrar los ojos, respirar hondo y dejar a un lado las preocupaciones del día lo mejor que puedas. Intenta despejar la mente para así poder permanecer en el momento presente durante unos minutos. Si notas que tu mente divaga, limítate a advertir que está divagando y empieza a mover el dedo. Si tu mente divaga hacia el pasado, desliza el dedo hacia la izquierda. Si se trata de un recuerdo lejano de la infancia, el dedo se desplazaría completamente hacia la izquierda; los recuerdos más recientes acercarían el dedo a la categoría del momento presente en la línea temporal. Si tu mente se dirige hacia el futuro –por ejemplo, imaginando tu vida a una edad muy avanzada–, tu dedo se desplazaría completamente hacia la derecha; un pensamiento más inmediato sobre el futuro, como qué regalo comprar para el cumpleaños de un amigo el mes que viene, desplazaría tu dedo hacia una posición justo a la derecha del centro de la línea temporal.

Deja que tu mente vaya en la dirección que quiera, sin forzarla a cambiar de rumbo. Comprueba si puedes limitarte a advertir en qué punto de la línea temporal se encuentra tu mente en cada momento. Si de repente te das cuenta de que te has salido de este ejercicio, recuerda la orientación temporal del último pensamiento o recuerdo que hayas tenido. Vuelve a prestar atención con suavidad al lugar al que viaja tu mente cuando le das rienda suelta.

Qué más puedes hacer

Cuando estés listo para volver a tu estado normal de vigilia, tómate un tiempo para reflexionar sobre las siguientes preguntas:

- ¿Con qué frecuencia te encontrabas en el momento presente (por ejemplo, advirtiendo la sensación de tu dedo sobre el papel, o tu respiración)?
- ¿A qué punto de la línea temporal tendía a llevarte tu mente cuando abandonabas el momento presente?
- ¿Algunos pensamientos, sentimientos, recuerdos o sensaciones te sacaban del momento presente más de una vez o de forma continuada?

¿Te ha resultado difícil permanecer en el momento presente durante este ejercicio? Para la mayoría de las personas, ¡este ejercicio de dos o tres minutos les parece que dura diez! En la sociedad moderna, apenas nos tomamos tiempo para sentarnos y explorar el momento presente. ¿Alguna vez te has dado cuenta de repente de que no estabas en absoluto en el momento presente, casi como si te despertaras y te encontraras en otro lugar? A todos nos pasa. El proceso de fundirnos con nuestros pensamientos, con nuestras emociones y con nuestros recuerdos ocurre automáticamente y con frecuencia. Por eso la práctica y la intención son fundamentales para devolver la atención al momento presente.

8

DETECTAR LOS PENSAMIENTOS PEGAJOSOS

Qué debes saber

Tómate un tiempo para pensar en situaciones pasadas y presentes en las que tu mente reactiva te haya engañado para que te aferraras a un pensamiento pegajoso. Escribe en una hoja de papel cada uno de estos mensajes destructivos con la mayor precisión posible. Emplea el siguiente formato.

- Mis cualidades personales y defectos negativos:
- Lo que debería pensar, sentir o recordar:
- Lo que ocurrirá si me enfrento a un problema personal doloroso:
- Comparar cómo me siento ahora con cómo debería sentirme:
- Cómo va la vida de los demás en comparación con la mía:
- Errores que he cometido y cómo afectarán a mi futuro:
- Lo que piensan los demás de mí y de mis problemas:
- Buscar ayuda del cónyuge, la pareja o los amigos:

Qué más puedes hacer

¿Qué has descubierto al realizar este ejercicio? ¿Han reaparecido ciertos temas en varias categorías? ¿Discutías a veces contigo mismo sobre si determinados pensamientos pegajosos podrían representar la verdad? Esto es lo que hacen los pensamientos pegajosos: consiguen que te los tragues y luego te ves obligado a luchar con ellos una vez que te enganchan. Cuanto más luchas, más se clava el anzuelo.

Para quitar poder a estos pensamientos pegajosos, tenemos que verlos como lo que son. Ahora, vuelve a mirar tu lista. Escribe un apodo al lado de cada pensamiento. Por ejemplo, ponle un apodo al pensamiento *Cómo debería sentirme* –verbigracia, «La trampa de las mejores opciones»–. Y haz lo mismo con cada pensamiento. Al darles un nombre, puedes ayudarte a ti mismo a advertir cuándo se vuelven pegajosos y recordarte a ti mismo: *Es solo mi Trampa de las Mejores Opciones.*

9

DARLE LAS GRACIAS A TU MENTE

Qué debes saber

Dado que no puedes evitar que tu mente piense, sienta, recuerde y perciba, aprender a distanciarte de ella cuando te provoca es importante. Expresar gratitud a tu mente –en voz alta– por la inteligencia que te está brindando es un modo seguro de crear una relación más viable entre tu mente y tú. Esto te permite responder de forma voluntaria e intencionada a tu mente reactiva, en vez de dejarte llevar por el contenido de los pensamientos pegajosos. Esta estrategia también requiere que pongas más nombres.

Qué puedes hacer

Así es como funciona esta estrategia: cuando notes que se está desarrollando un acontecimiento mental desagradable, limítate a decir: *Gracias, mente, por darme el* [pensamiento, sentimiento, recuerdo, sensación] *llamado* [describe el pensamiento pegajoso]. Si así lo deseas, puedes utilizar los apodos que creaste en el último ejercicio. Intenta acostumbrarte a hacer esto cada vez que tu mente reactiva te dé un pensamiento pegajoso de cualquier tipo. En el caso de Helen, dio las gracias a su mente de los siguientes modos:

- *Gracias, mente, por darme el pensamiento llamado* chica gorda y fea.
- *Gracias, mente, por darme el pensamiento llamado* Vienes de un pasado desastroso.
- *Gracias, mente, por darme el recuerdo llamado* Mi padre borracho me dice que soy asqueroso.
- *Gracias, mente, por darme los sentimientos llamados* triste y asustado.
- *Gracias, mente, por darme el pensamiento llamado* Eres un cobarde.
- *Gracias, mente, por darme el sentimiento llamado* soledad.

Al describir los pensamientos pegajosos y al crear apodos para ellos, estás desarrollando habilidades que te permitirán relacionarte con tu mente reactiva de un modo diferente. No tienes que seguir lo que tu mente te dice que hagas sin pensar en ello. Tú eres el ser humano; la mente está a tu servicio, no al revés. Aprender a mantener esa postura desapegada cuando tu mente reactiva parlotea es un paso esencial para salir de la depresión y recuperar tu vida.

10

MOMENTOS PEGAJOSOS

Qué debes saber

Este ejercicio es particularmente útil cuando has pasado por una interacción, un acontecimiento o una situación con una alta carga emocional en los que te ha costado permanecer desapegado. Coge una pila de notas adhesivas y, con esa situación en mente, intenta detectar lo siguiente:

- Pensamientos que me atraparon.
- Sentimientos que me atraparon.
- Recuerdos que me atraparon.
- Sensaciones corporales que me atraparon.
- Impulsos que me atraparon.

Escribe cada uno de estos ítems en una nota adhesiva, uno por nota. Cuando hayas terminado de escribir un ítem, despega la nota del bloc, léela en voz alta y pégala a tu ropa. Sigue haciéndolo hasta que hayas repasado todo el surtido de experiencias que te atraparon. Cuando hayas pegado todas las notas a tu ropa, mírate en un espejo y mueve tranquilamente los ojos de una nota a otra. Lee lo que dice cada una de ellas; permite que lo que surja dentro de ti permanezca ahí sin intentar cambiarlo, controlarlo o eliminarlo.

Qué más puedes hacer

Mientras realizabas este ejercicio, ¿advertiste si había ciertos tipos de experiencias pegajosas que te seguían enganchando, a veces mucho después de que la situación original hubiera terminado? ¿Descubriste que simplemente pretendías leer el pensamiento pegajoso en voz alta y no hacer nada en absoluto y, en cambio, después te diste cuenta de que, de repente, te habías puesto a correr con tu mente reactiva?

Como dijimos anteriormente, no todas las experiencias pegajosas son iguales; algunas son mucho más difíciles que otras de separar y dejar ir. A menudo se trata de temas profundamente arraigados que podrían haberse presentado en tu vida varias veces, así que si te topaste con ellos, toma nota mentalmente de cuáles son, porque volverás a encontrarte con ellos a medida que te recuperes. Recuerda: todos tenemos nuestros secretos, así que no te desanimes si notas que ha aparecido uno de los tuyos.

11

PIRATEAR LOS NEUROQUÍMICOS DE TU CEREBRO

Qué debes saber

Imagínate el mapa de vuelos que aparece en la revista que se entrega a bordo de un avión y que muestra todas las ciudades hacia y desde las que vuela una compañía aérea. Eso te brindará una idea bastante buena de la organización de un sistema de neurotransmisores –de todas las neuronas que liberan o reaccionan a un neurotransmisor concreto–. Tu cerebro depende de numerosos sistemas de neurotransmisores para distintos tipos de procesamiento, y contribuyen a la depresión de distintas maneras.

En la década de 1960, se pensaba que la depresión se producía por una cuestión de tener muy poca cantidad del neurotransmisor norepinefrina. Posteriormente, unos años más tarde, la teoría cambió a un déficit de serotonina. Ahora sabemos que es mucho más complicado que eso. Sin duda, la serotonina y la norepinefrina están implicadas, pero también lo están la dopamina y otros muchos neuroquímicos. En definitiva, una gran cantidad de sistemas de neurotransmisores influyen en la depresión –y se ven influidos por ella–. El lado positivo es que hay varios modos en que nosotros también podemos influir en este sistema y piratearlo –empezando ahora mismo–.

Qué puedes hacer

En la siguiente hora, prueba uno de los siguientes *hackeos* cerebrales:

- Sal a la luz del sol. La luz solar intensa ayuda a aumentar la producción de serotonina. También mejora la liberación de melatonina, que te ayuda a dormir mejor. Así que, si estás encerrado en casa, haz un esfuerzo por salir al menos unos minutos al mediodía. Da un paseo, escucha música o simplemente toma el sol.
- Piensa en recuerdos felices. Los recuerdos felices estimulan la serotonina. Intenta pensar en un recuerdo feliz. También puedes intentarlo justo antes de irte a dormir –escríbelo en un diario o simplemente reflexiona sobre ello–.

12

ENCONTRAR UN COMPAÑERO DE JUERGA

Qué debes saber

La depresión a menudo te hace querer estar solo, pero, de hecho, pasar tiempo con amigos y familiares alivia el estado de ánimo depresivo. Sorprendentemente, el apoyo de amigos y familiares mejora incluso los efectos de los medicamentos antidepresivos. Las personas que cuentan con un mayor apoyo social antes de empezar a tomar la medicación tienen más probabilidades de experimentar una reducción de sus síntomas y también de sentirse mejor. Además, el mismo estudio mostró que a medida que mejoraban los síntomas de las personas, también lo hacía su apoyo social (Joseph et al. 2011). Así pues, ser social te ayuda a mejorar, y mejorar te ayuda a ser más social –una saludable espiral ascendente–.

Qué puedes hacer

- Haz una actividad con un amigo. A menudo, cuando estás deprimido, no te apetece hablar. Prueba una actividad en la que puedas interactuar con alguien pero sin sentirte presionado a hablar. Id a ver una película o jugad a un juego de mesa. No te sentirás forzado a hablar de tu depresión si no quieres, pero tendrás oportunidades de abrirte si así lo deseas.

- Incluso hablar con desconocidos puede ayudar. Un estudio realizado en Chicago pagó a viajeros de autobús y tren para que entablaran conversación con un desconocido o simplemente se sentaran en silencio (Epley, Schroeder, and Waytz 2013). Los resultados mostraron que el hecho de hablar con un desconocido mejoraba el estado de ánimo. De hecho, aunque a la mayoría de las personas les preocupaba que hablar con un desconocido les resultara desagradable, después de hacerlo, en realidad, tuvieron un viaje más feliz. Así que prueba a hablar con la persona que tienes al lado en un avión o en la cola de una cafetería. Sí, puede que sientas aprensión, pero lo más probable es que sea una experiencia positiva.

II

DESENGANCHARSE CUANDO SE ESTÁ DEPRIMIDO

13

APRENDER A DEJAR IR

Qué debes saber

Cuando las personas se aferran mentalmente a los problemas, piensan en ellos una y otra vez, preocupándose por lo que sucederá e imaginando el peor resultado posible. Este proceso puede hacer que alguien se sienta deprimido. Aprender a dejar ir los problemas mentalmente puede ayudarte a dejar ir también la depresión.

Marc y Kevin eran gemelos. Se parecían en muchos aspectos; el color de pelo y el aspecto que presentaban sus sonrisas eran idénticos. A los dos les gustaba el mismo tipo de música y el esquí alpino. Sin embargo, eran muy diferentes en cuanto a su forma de hacer frente a las dificultades. Cuando Marc se enfadaba, se sentaba en su apartamento a pensar durante horas. A menudo se sentía deprimido. Cuando algo molestaba a Kevin, compartía sus sentimientos con alguien, hacía lo posible para solucionarlo y luego intentaba dejarlo ir, sabiendo que darle vueltas solo le haría sentirse peor. Como resultado, Kevin se sentía deprimido con mucha menos frecuencia que Marc.

Cuando los chicos se enteraron de que sus padres se mudaban, ambos se disgustaron. Hablaron de ello, y coincidieron en que desearían que sus padres se quedaran en su casa actual. Entonces, Marc se fue a casa y empezó a pensar en cómo iba a alterar este hecho su vida. Marc siguió dándole vueltas a todos los aspectos difíciles de la próxima mudanza de sus padres, y finalmente se durmió sintiéndose deprimido. A la mañana siguiente, no tenía ganas de levantarse, y mucho menos de ir a trabajar.

Kevin también estaba molesto por la mudanza. Pensaba en el gran cambio que supondría en su vida y en cómo echaría de menos a sus padres. Incluso fue a casa de su mejor amigo y se lo contó. Después de hablarlo un rato, Kevin dijo: «Bueno, no puedo hacer nada para cambiarlo, y aún tenemos planeado ir al cine. Vámonos». Los amigos fueron a ver una película fantástica, y Kevin volvió a casa sintiéndose bien. Cada vez que se sentía triste o preocupado por la mudanza, hablaba de ello con sus amigos y luego pensaba en otra cosa.

Ante la misma situación, Marc se sentía deprimido porque se aferraba a los pensamientos negativos. Kevin se sentía más feliz porque hablaba de esos pensamientos y luego los dejaba ir.

Qué puedes hacer

Kevin pudo dejar ir sus pensamientos negativos hablando con alguien sobre ellos y luego centrando su mente en otra cosa. También existen otros modos de ayudarte a dejar ir.

En una hoja de papel, describe un problema que te haya hecho sentir deprimido últimamente. Escribe sobre ello con el mayor detalle posible. A continuación, elige uno de los siguientes métodos para dejar ir físicamente lo que has escrito, y hazlo.

- Rompe el papel en pedacitos y tíralo a la basura.
- Pon la hoja en una destructora de papel.
- Lee lo que has escrito a otra persona y luego dale el papel y pídele que lo rompa delante de ti.

- Quema el papel en una chimenea.
- Pincha el papel con un palo largo y quémalo en una parrilla.
- Escribe tu problema en papel higiénico en vez de hacerlo en papel normal y tíralo por el retrete.

Mientras destruyes tu problema, repítete a ti mismo: *Dejo ir esto. No dejaré que me deprima nunca más.*

Qué más puedes hacer

Siéntate tranquila y cómodamente donde nadie te moleste. Cierra los ojos e imagínate a ti mismo haciendo una de las siguientes cosas:

- Envuelves tu problema en una caja y la sellas muy bien con cinta adhesiva y cuerda. Luego atas la caja a un potente cohete. Llevas el cohete a una zona exterior donde no haya casas, árboles ni otros obstáculos. Enciendes el cohete y te apartas. Observas cómo el cohete despega hacia el cielo con gran velocidad y fuerza. Ves cómo se lleva tu problema rápida y poderosamente lejos de ti. Lo observas hasta que desaparece por completo de tu vista, más allá de la atracción de la gravedad de la Tierra, continuando su viaje hacia el espacio. Mientras lo ves alejarse, te dices a ti mismo: *Dejo ir esto. Ya no dejaré que me deprima.*
- Envuelves tu problema en una caja y la sellas muy bien con cinta adhesiva y cuerda. Luego, viajas a un lugar alejado de tu lugar de residencia. Llegas al borde de un océano. Si el clima es cálido, colocas la caja sobre una balsa muy frágil. Si el clima es frío, colocas la caja sobre un témpano de hielo muy frágil. Empujas la balsa o el témpano hacia el mar, donde la corriente la atrapa y la aleja cada vez más de ti. La observas hasta que desaparece por completo de tu vista. Mientras la ves alejarse, te dices a ti mismo: *Dejo ir esto. Ya no dejaré que me deprima.*

Puedes repetir cualquiera de estos ejercicios tantas veces como quieras, experimentando con diferentes métodos. Si ninguno de estos ejercicios te resultó útil la primera vez, intenta realizarlos utilizando un método diferente de la lista. Inventa luego tu propia forma segura de destruir el papel u otra visualización que te resulte eficaz.

14

AUTOESTIMA SANA

Qué debes saber

La autoestima de las personas refleja la manera y el grado en que se valoran a sí mismas. Las personas que tienen una autoestima sana se ven a sí mismas de forma positiva, aunque realista. Las personas cuya autoestima no es sana suelen tener una visión excesivamente negativa de sí mismas. Cuando tienes una autoestima sana, es menos probable que te sientas deprimido.

Qué puedes hacer

Califica tu autoestima en la siguiente escala, en la que 1 representa la peor opinión que puedes tener de ti mismo, y 10 la mejor opinión que puedes tener de ti mismo.

1 — 2 — 3 — 4 — 5 — 6 — 7 — 8 — 9 — 10

Luego, en una hoja de papel aparte, haz una línea vertical en el centro. Enumera tus cualidades internas que consideres positivas en la columna izquierda de la hoja; en la columna derecha, enumera

tus cualidades internas que consideres negativas. Las cualidades que enumeres podrían incluir cualquier cosa, desde el tipo de amigo que eres hasta si tiendes a ser honesto o engañoso, o si tienes buen sentido del humor o si eres más bien un mal perdedor.

A continuación, debajo de estas listas, enumera las cosas que se te dan bien en la columna de la izquierda y las cosas que necesitas mejorar en la columna de la derecha. Puedes incluir cualquier cosa, desde jugar al fútbol hasta ser puntual, limpiar tu habitación o cuidar de tu mascota.

Si hay menos ítems en la columna de la izquierda (positiva) que en la de la derecha (negativa), añade más a la primera. Si no se te ocurren suficientes por ti mismo, pide ayuda a un amigo o familiar. No pares hasta que tengas tantas cosas en la columna de la izquierda como en la de la derecha.

Después de mirar tus listas, califica de nuevo tu autoestima.

1 — 2 — 3 — 4 — 5 — 6 — 7 — 8 — 9 — 10

Qué más puedes hacer

Reflexiona sobre los motivos de la calificación que te diste en la primera escala. ¿Cómo explicarías las diferencias entre tu primera y tu segunda calificación?

¿Cómo crees que desarrollaste la autoestima que tienes ahora? ¿De dónde o de quién aprendiste a sentirte positivo o negativo contigo mismo?

¿Cómo afecta tu autoestima al hecho de que te sientas feliz o deprimido?

¿Qué cambios podrías hacer en tu visión de ti mismo para tener una autoestima más sana?

Si acabaste preguntando a otras personas, ¿qué sentiste al preguntarles sobre tus puntos fuertes y débiles?

Algunas personas piensan que centrarse en sus puntos fuertes las vuelve engreídas. Ser engreído significa que a menudo presumes de tus puntos fuertes ante los demás y que rara vez admites tener defectos. Una autoestima sana implica ser realista, lo que significa que reconoces, aceptas y admites tanto tus puntos fuertes como tus puntos débiles.

15

PERSEGUIR ACTIVIDADES SIGNIFICATIVAS

Qué debes saber

La actividad es un remedio contra la depresión. La pregunta es, ¿qué actividades son adecuadas para ti?

La vida es mucho más que intentar negar lo negativo, como la depresión. Cuanto más tiempo dediques a actividades significativas, menos tiempo pasarás absorto en pensamientos, sentimientos y hábitos de comportamiento depresivos.

En el proceso de poner freno a la depresión, nunca es demasiado pronto ni demasiado tarde para pensar en emprender una actividad positiva o apasionada. Una actividad apasionada es algo más que una interrupción planificada de la depresión, como observar el vuelo de una mariposa. Puede ser estudiar mariposas y buscarlas en su hábitat natural durante un día o incluso una semana entera.

Retomar una actividad que te gustaba en el pasado puede reactivar tu interés y ayudar a que te sientas menos deprimido.

Qué puedes hacer

Las actividades positivas pueden distraerte de los pensamientos negativos y propiciar un cambio de humor. Haz una lista de actividades breves que normalmente te gustaría hacer si no te sintieras deprimido –por ejemplo, sumergirte en una bañera de agua tibia, poner un comedero para pájaros o escuchar tu canción favorita–. Intenta enumerar todas las que puedas. Quizá sea algo que haces siempre, o quizá sea algo que solo hiciste una vez, pero que te encantó. Programa y realiza una actividad favorita cada día.

Utiliza esta lista de actividades que acabas de crear para anotar también los antiguos placeres. Luego vuelve a hacer la actividad, aunque no te apetezca. También puedes aprovechar las propiedades potenciadoras de la serotonina del compañerismo encontrando un compañero de juerga (véase la Actividad 12) que te acompañe.

16

DETECTAR LO QUE NO SE PUEDE CAMBIAR

Qué debes saber

Probablemente hayas oído toda o parte de la oración de la serenidad –el poema que dice: «Concédeme serenidad para aceptar las cosas que no puedo cambiar»–. Hay mucha sabiduría en esa frase. Pero cuando estamos deprimidos, en ocasiones podemos perder la noción de las cosas que podemos cambiar, o el valor para aceptar aquellas que no podemos cambiar.

Dedica unos minutos a estudiar los aspectos de la situación de Bill, que enumeramos a continuación, desde la perspectiva de la oración de la serenidad. ¿Sabe Bill lo que puede y lo que no puede controlar en su situación actual? ¿Practica la aceptación de los aspectos que no puede controlar? ¿Está ejerciendo control sobre las cosas que puede controlar? Marca con la letra A (de aceptación) aquellos aspectos que Bill no puede cambiar, y con la C (de control) aquellos que puede controlar.

Acontecimientos o situaciones en la vida de Bill:

1. Bill sufrió una lesión en el trabajo.
2. Bill experimenta dolor de espalda a diario.

3. A Bill le negaron la pensión de invalidez.
4. Bill piensa que tiene demasiado dolor para trabajar en cualquier empleo.
5. Bill se niega a llevar a cabo una reconversión profesional.
6. Bill se sometió a una operación de espalda que le dejó con más dolor.
7. Bill pasa mucho tiempo en el sofá para controlar el dolor.
8. Bill no va a la iglesia.
9. Bill no hace ejercicio regularmente a causa del dolor.
10. Bill toma dosis cada vez mayores de narcóticos para controlar el dolor.
11. Bill experimenta sensaciones de ardor y escozor en la espalda.
12. Bill experimenta sensaciones de hormigueo y entumecimiento en la pierna.
13. Bill se siente enfadado e irritable cuando tiene dolor.
14. Bill recuerda la lesión.
15. Bill piensa en cómo podría haber evitado la lesión.
16. Bill grita a sus hijos.
17. Bill se muestra seco con su mujer.
18. Bill no mantiene relaciones sexuales con su mujer porque le duele la espalda.
19. Bill piensa que la vida le ha tratado de manera injusta.
20. Bill piensa que estaría mejor muerto.

Qué más puedes hacer

Si evaluamos la situación de Bill, queda claro que tiene cierto control sobre bastantes cosas. Puede influir en la cantidad de tiempo que pasa en el sofá, en su asistencia a la iglesia, en el ejercicio que practica a diario, en su consumo de narcóticos, en su comportamiento hacia su mujer y sus hijos, así como en su relación sexual con su mujer. Y podría decidir desafiar sus suposiciones sobre su dolor y probar una reconversión profesional. ¿Te sorprenden estas respuestas?

Examina ahora más detenidamente los acontecimientos y experiencias sobre los que Bill no tiene un control inmediato. En esta categoría no solo se encuentran las sensaciones físicas que experimenta Bill, sino también los pensamientos, los sentimientos y los recuerdos espontáneos relacionados con su dolor y con su historia personal. Sentir dolor provoca experiencias privadas predecibles, incluidas emociones y pensamientos negativos. Los sentimientos, los pensamientos y las imágenes desagradables aparecen en todos nosotros como respuesta al dolor. Incluso aparecen aún más cuando intentamos suprimirlos o evitarlos. Así pues, lo que tenemos que hacer en vez de ello es observarlos, y luego decidir qué hacer como respuesta, de acuerdo con nuestros valores.

La próxima vez que te encuentres en una situación depresiva como la de Bill, intenta determinar lo que puedes cambiar y lo que no. Y cuando se trate de los aspectos de tu situación o experiencias privadas que no puedes cambiar, observa qué puedes hacer al respecto. La depresión es desagradable y dura –pero cuando puedes responder a tu situación con intención y agencia, resulta más fácil no quedarse tan atascado–.

17

EL ABECÉ DE LA HIGIENE DEL SUEÑO

Qué debes saber

Los estudios muestran que el conocimiento sobre la higiene del sueño mejora las prácticas de higiene del sueño, lo que a su vez mejora la calidad del sueño (Brown, Buboltz, and Soper 2002). Así, el mero hecho de leer esto ya te hace estar en el buen camino. He aquí algunos consejos concretos adicionales para preparar tu cerebro para un apacible descanso nocturno.

Qué puedes hacer

- **Duerme ocho horas seguidas.** La mayoría de la gente necesita dormir unas ocho horas. Por lo general, cuanto más mayor te haces, menos horas de sueño necesitas. En la universidad, necesitarás unas ocho horas y veinticuatro minutos. Cuando te jubiles, puede que solo necesites siete. Lo importante es dormir de un tirón (no es lo mismo dormir ocho horas seguidas que dormir siete horas y hacer una siesta de una hora). Por tanto, no duermas siestas con regularidad –además, si sistemáticamente tienes un sueño de calidad cada noche, ni siquiera sentirás la necesidad de echarte una siesta–.

- **Utiliza la cama o el dormitorio para dormir.** No trabajes en la cama ni en tu dormitorio. No navegues por Internet. No veas la televisión. Si utilizas tu dormitorio solo para dormir, tu cerebro asociará tu cama solo con el sueño, lo que inducirá la somnolencia, como el condicionamiento pavloviano. Por supuesto, también está bien mantener relaciones sexuales allí.
- **Crea una rutina para prepararte para dormir.** Desarrolla un ritual nocturno para separarte del resto de tu ajetreado día. Tu córtex prefrontal, en particular, necesita relajarse, así que si haces todo a 100 km/h y luego te dejas caer en la cama con despreocupación, puedes tener dificultades para conciliar el sueño o para conseguir un sueño de calidad. Un ritual antes de acostarte podría consistir en cepillarte los dientes, lavarte la cara, ir al baño y luego leer durante unos minutos. O, además, podrías tomar una taza de té de hierbas, leer a tus hijos o rezar tus oraciones –cualquier actividad relajante–. La meditación también puede ser útil. El sexo también está bien, pero probablemente no pueda formar parte de tu rutina habitual (en caso de ser así, ¡bien por ti!).
- **Evita la cafeína cuando se acerque la hora de acostarte.** Aunque seas capaz de conciliar el sueño habiendo tomado cafeína, esta altera la arquitectura adecuada del sueño (ciclos de sueño no REM y REM) y reduce la calidad del mismo. Por tanto, nada de té negro, té verde, café o Red Bull cuando queden pocas horas para dormir.
- **Come y bebe con moderación.** No comas de forma abundante menos de tres horas antes de acostarte. La indigestión puede interferir en el sueño, y el reflujo ácido es más frecuente cuando te encuentras en posición horizontal. Sin embargo, un pequeño tentempié de comida sencilla está bien, incluso es útil si el hambre es una distracción. Del mismo modo, la sed puede alterar el sueño, así que bebe un par de sorbos de agua

antes de acostarte. Pero no bebas un vaso entero, o tu vejiga te despertará en mitad de la noche.

- **No recurras al alcohol como somnífero habitual.** Una cerveza o un vaso de vino pueden ayudarte a conciliar el sueño más rápidamente, pero el alcohol altera la arquitectura del sueño, por lo que tu noche no será tan relajada. Además, cuanto más a menudo recurras al alcohol para dormirte, menos funcionará. Por último, el abuso de alcohol puede provocar los mismos tipos de reducción del sueño de ondas lentas y de aumento del sueño REM que se observan en la depresión.
- **Haz ejercicio.** Haz que la actividad física forme parte habitual de tu vida. El ejercicio mejora el sueño al sincronizar los ritmos circadianos, al reducir el estrés, al disminuir el sueño REM y al inducir numerosos cambios neuroquímicos. Sin embargo, hacer ejercicio demasiado cerca de la hora de acostarse puede dificultar la conciliación del sueño, así que intenta hacerlo unas horas antes.

18

CONVERTIR LA NEGATIVIDAD EN OBJETIVOS POSITIVOS

Qué debes saber

Cuando piensas de forma pesimista, las misiones y los objetivos pueden parecer buenos para otra persona. Puede que te veas a ti mismo como una persona demasiado deprimida para preocuparte o demasiado apática para actuar. Puede que te encuentres en un charco de negatividad tan profundo que no sepas cómo pasar del pensamiento autoabsorbente a un enfoque objetivo y autoobservador.

La sensación de desánimo es una oportunidad ideal para detectar y abordar algunos de tus pensamientos y creencias autodestructivos y para convertir tu negatividad en algo positivo. Un pensamiento depresivo tiende a desencadenar otro: *Estoy perdido. Nadie me aprecia. No puedo superarlo. No soporto cómo me siento. Soy inútil.*

Aunque estos pensamientos pesimistas parezcan sombríos, puedes convertirlos en objetivos positivos contra la depresión.

Pensamiento pesimista depresivo	Objetivo alternativo positivo
Estoy perdido.	Encontrar el rumbo.
Nadie me aprecia.	Descubrir la excepción a esta afirmación.
Nunca superaré la depresión.	Cuestionar la suposiciones desesperadas.
No soporto como me siento.	Aprender a tolerar lo que no me gusta.
Soy inútil.	Cuestionar la suposiciones de inutilidad.

Qué puedes hacer

Utiliza un trozo de papel, tu agenda o recordatorios que puedas configurar en tu teléfono para traducir tus propios pensamientos negativos en objetivos positivos. Anota algunos de tus pensamientos pesimistas. A continuación, conviértelos en afirmaciones positivas de lo que puedes hacer para cambiar esos pensamientos.

19

ERES IMPERFECTAMENTE GENIAL

Qué debes saber

Este ejercicio requiere que practiques la autocompasión por tus defectos personales, tanto reales como imaginarios. Hay dos tipos básicos de defectos que ocupan un lugar destacado en las historias negativas de nosotros mismos por las que tendemos a castigarnos. El primero es algún atributo que tenemos y que consideramos inaceptable, ya sea un retroceso en la línea del cabello, el modo en que tartamudeamos en situaciones de estrés o la sensación de que no somos tan interesantes como los demás. El segundo tipo de defecto es algo de lo que creemos que carecemos, como una buena apariencia, confianza en las situaciones sociales o capacidad para hablar en público.

Qué puedes hacer

Dedica ahora unos minutos a detectar los defectos que más te disgustan de ti mismo en ambas áreas. Intenta describir de forma clara el defecto y lo que no te gusta de él.

Ahora que has detectado tus defectos, ¡es hora de ser imperfectamente genial! Lee cada uno de tus defectos en voz alta, y al final de cada afirmación añade «¡y también me encanta esta parte de mí!». Mientras haces esta afirmación, involúcrate en ella tanto como puedas. Intenta crear un espacio mental en el que te relajes, dejes ir el apego al autorrechazo y ames de verdad incluso lo que no te gusta de ti.

¿Fuiste capaz de extender genuinamente energía amorosa hacia esas cosas que no te gustan de ti mismo? Si tu mente es reactiva y te dice que tu defecto no puede aceptarse, prueba a reconocer lo que tu mente reactiva tiene que decir, separándote de ella y redirigiendo tu atención de forma suave y deliberada hacia el amor a ti mismo (véase la Actividad 9). Incluso podrías tomar lo que te dijo tu mente reactiva, escribirlo como un defecto, ¡y convertirlo en parte de tu genialidad imperfecta! El hecho de que tengas una mente reactiva que no está dispuesta a dejar de juzgarte también forma parte de tu genialidad imperfecta. ¿No es genial?

20

ELUDIR LA EVITACIÓN

Qué debes saber

Al prepararte para pagar la compra en el supermercado, se te presenta una variedad de tentadoras chocolatinas y revistas. ¿Te ciñes a la lista de la compra o coges una chocolatina? La clave para entender los impulsos es que todo lo placentero libera dopamina en una parte específica de tu cerebro llamada núcleo accumbens. El sexo libera dopamina. Ganar dinero libera dopamina. Las drogas liberan dopamina. El chocolate libera dopamina.

Sin embargo, lo verdaderamente interesante del cerebro es que aprende qué es placentero y cómo anticipar dicho placer. Por ejemplo, cuando comes una chocolatina por primera vez, se libera dopamina. La próxima vez que coges una chocolatina, se libera dopamina en cuanto abres el envoltorio. Y la siguiente vez, la dopamina se libera simplemente cuando ves la chocolatina desde el otro lado de la habitación. La dopamina se libera tan pronto como entras en la tienda, simplemente por la anticipación de verla, abrirla y comerla.

Con los impulsos, algo que haces o sientes desencadena la anticipación de un resultado placentero específico. El problema es que la dopamina que se libera al anticipar el placer motiva en realidad las acciones que conducen a ese placer. Cada paso del camino te da un pequeño empujón de dopamina que te impulsa hacia el siguiente paso.

Si fueras un cavernícola, tus impulsos no serían un problema. La vida sería bastante sencilla. Si algo supiera bien, comerías tanto como fuera posible, y si algo te hiciera sentir bien, lo harías tanto como fuera posible. Hoy en día, sin embargo, hay demasiados placeres fáciles de obtener que secuestran tu cerebro con dopamina y crean una tendencia a actuar en busca de una gratificación inmediata.

Esto se vuelve aún más problemático en la depresión, porque cuando estás deprimido hay menos actividad dopaminérgica en el cerebro en general. En primer lugar, eso significa que las cosas que solían ser placenteras ya no lo son. En segundo lugar, con una actividad dopaminérgica reducida, las únicas cosas que resultan motivadoras son las que liberan mucha dopamina, como la comida basura, las drogas, el juego y la pornografía. Todos estos impulsos significan que tus acciones solo se guían por lo que genera placer inmediato, lo que no suele ser bueno para ti a largo plazo. Y aunque la mayoría de los impulsos son fáciles de reconocer, los malos hábitos –que se vuelven insidiosamente rutinarios– son más difíciles de detectar.

Qué puedes hacer

1. Averigua cuáles son tus desencadenantes. Es mucho más fácil evitar la tentación que resistirse a ella. Si sabes qué desencadena un hábito en particular, a veces puedes deshacerte de ese hábito simplemente eliminando ese desencadenante de tu vida. Por ejemplo, Billie se dio cuenta de que veía demasiada televisión, y el desencadenante era ver el propio televisor. Lo sacó de su dormitorio y ahora ya no tiene problemas al respecto. Otro ejemplo: si no quieres comprar galletas, no pases por el pasillo de las galletas del supermercado. Ver todos esos deliciosos productos horneados liberará dopamina y te empujará a comprarlos.

2. Respira hondo. Cuando empieces a sentirte inquieto u obligado a seguir un mal hábito, respira hondo. Espira lentamente y vuelve a respirar hondo. Repítelo si es necesario. La respiración larga y lenta calma la respuesta del cerebro al estrés.
3. Vuelve a mirar la lista de actividades que hiciste anteriormente en el libro, si hiciste la Actividad 3 –o haz tu propia lista de actividades que te resulten placenteras ahora–. Cada vez que te sientas impulsado a hacer algo que sabes que es un mal hábito, como ver la televisión durante largas horas o comer en exceso, consulta tu lista de actividades en vez de ello.

21

EL PERÍODO DE PRUEBA GRATUITO

Qué debes saber

Del mismo modo que el ejercicio fortalece tus músculos, también fortalece tu cerebro. Numerosos estudios han mostrado que el ejercicio provoca el crecimiento de nuevas neuronas. En uno de ellos, un par de científicos de Texas analizaron los efectos del ejercicio en ratas (Leasure and Jones 2008). Se dividió a las ratas en tres grupos: carrera voluntaria, carrera forzada y grupo de control. A las del grupo de carrera voluntaria se les permitió correr a la velocidad que les apeteciera, mientras que las del grupo de carrera forzada tuvieron que correr a una velocidad establecida. A las del grupo de control no se les permitió correr en absoluto.

El estudio mostró que en los dos grupos que hacían ejercicio tenía lugar un mayor desarrollo de nuevas neuronas en el hipocampo –el área del cerebro encargada del aprendizaje y la memoria–. Sin embargo, el grupo voluntario tenía más neuronas nuevas que el grupo forzado, lo que sugiere que elegir activamente hacer ejercicio proporciona más beneficios que verse obligado a hacerlo. También sugiere que, aunque ir a la cinta del gimnasio no sea tan fantástico como correr por el parque, es mucho mejor que no hacer nada. A fin de cuentas, todo lo que necesitas es algo, por pequeño que sea, que sea mejor que lo que haces actualmente.

Qué puedes hacer

Comprométete a realizar un breve período de prueba. Apúntate a un curso de gimnasia y comprométete a ir a las tres primeras clases. Busca en sitios web como Groupon o LivingSocial un mes de prueba en tu estudio local de yoga o pilates a un precio reducido. Apúntate a un gimnasio y prométete que, durante las dos primeras semanas, irás todos los lunes, miércoles y viernes. Aunque estés demasiado cansado para hacer ejercicio, dirígete al gimnasio, aparca el coche, entra, ponte ropa de entrenamiento y coge una pesa de dos kilos. Si realmente estás tan cansado que no quieres hacer nada más allí, no pasa nada. Has cumplido con tu obligación para contigo mismo, puedes irte a casa y descansar hasta la próxima vez.

22

ABRAZOS Y APRETONES DE MANOS

Qué debes saber

Hay muchos modos de aumentar la oxitocina (una hormona asociada a los sentimientos de amor, confianza y empatía) o, en general, de activar los circuitos cerebrales implicados en la sociabilidad. A menudo implican diversas formas de contacto, como los abrazos, los apretones de manos y los masajes. Hablar con la gente –y a veces simplemente estar con otras personas– también activa el cerebro social y puede liberar oxitocina. Incluso las mascotas pueden ayudar a liberar oxitocina.

Qué puedes hacer

Una de las principales formas de liberar oxitocina es a través del tacto. Obviamente, no siempre es apropiado tocar a la mayoría de la gente, pero los pequeños toques –como los apretones de manos y las palmaditas en la espalda– suelen estar bien. En el caso de las personas cercanas, esfuérzate por tocarlas más a menudo. Los abrazos, sobre todo los largos, son particularmente buenos para liberar oxitocina, al igual que los orgasmos.

Ahora bien, no tienes por qué limitarte al contacto físico; también puedes subir la temperatura. Sentir calor puede aumentar la oxitocina, o al menos imitar sus efectos, aumentando así los sentimientos de confianza y generosidad. Así que, si no puedes conseguir un abrazo, intenta envolverte en una manta y sostener una taza de té caliente. Una ducha caliente también puede ayudar.

Los masajes reducen el dolor porque el sistema de la oxitocina activa las endorfinas analgésicas. Los masajes también mejoran el sueño y reducen la fatiga al aumentar la serotonina y la dopamina, así como al disminuir la hormona del estrés, el cortisol. Así que, si te sientes indispuesto, disfruta de un masaje. Estarás activando los sistemas de neurotransmisores que trabajan para hacerte más feliz.

III

VENCER LA DESESPERANZA Y LA BAJA MOTIVACIÓN

23

TÉCNICA DE DARLE LA VUELTA A LA PROCRASTINACIÓN

Qué debes saber

Si te descubres pensando algo como *No tengo la energía necesaria para cambiar* o *No puedo conseguirlo, así que ¿para qué intentarlo?*, estás encajonado en una forma de pensar de procrastinación-depresión. Para romper esta conexión procrastinación-depresión, busca puntos débiles en ella. Por ejemplo, si tienes energía para tener pensamientos depresivos, tienes energía para tener pensamientos proactivos, como *Puedo salir poco a poco de este malestar.*

Si eres claro contigo mismo, puedes cambiar tu perspectiva. Puedes convertir tu pensamiento derrotista en un objetivo orientado a la acción: *Extenderé un cheque para pagar la hipoteca a las 14:00.* Esta acción es definible, intencionada, mensurable y realizable. También tienes un plazo que puedes cumplir. Al dar pasos pequeños y definidos, puedes evitar que el pensamiento procrastinador obstruya tus objetivos.

Es útil ponerle cara a tu voz interior de procrastinación. Pongámosle la cara de un engatusador. Históricamente, se trata de una criatura astuta, experta en subterfugios, engaños, artimañas y confabulaciones.

Para mí, el engatusador tiene cara de gato de Cheshire, sonriente y seductor.

Y al igual que el gato de Cheshire confundió y manipuló a Alicia, tu engatusador interior está intentando engañarte para que creas en pensamientos derrotistas.

Qué puedes hacer

La técnica de darle la vuelta a la procrastinación es un mecanismo para invertir una forma de razonamiento primitivo que, si no se controla, alimenta la procrastinación. La técnica de dar la vuelta consiste en hacer lo contrario de lo que te dice tu engatusador. He aquí un ejemplo de cómo utilizar la técnica.

> **Pensamiento engatusador:** *Tómate un descanso antes de comenzar tu programa contra la depresión. Lee el periódico. Juega al solitario. Saca el taco de billar y echa una partida.*
>
> **Dale la vuelta a tu pensamiento:** *Trabaja en tu objetivo antidepresivo durante una hora y tómate un descanso de diez minutos y lee tu columna favorita del periódico. Después de trabajar durante una hora más en tu proyecto, juega diez minutos al solitario. Después de la siguiente hora, juega una partida de billar.*
>
> **Pensamiento engatusador:** *No pienses en ir al gimnasio. Espera. Te sentirás descansado y preparado. Quizá puedas ir dentro de un día o así. Además, el ejercicio como remedio para la depresión no funcionará si estás deprimido.*
>
> **Dale la vuelta a tu pensamiento:** *Pon un pie delante del otro y dirígete al gimnasio.*
>
> **Pensamiento engatusador:** *Riñe con tu pareja. Eso te estimulará más que el hecho de establecer prioridades y objetivos antidepresivos.*

Dale la vuelta a tu pensamiento: *Comienza a establecer objetivos y a hacer planes. Ponte delante del ordenador, enciéndelo y teclea las letras del alfabeto para romper la inercia de la inacción. Después, continúa estableciendo un objetivo antidepresivo significativo, medible y alcanzable.*

Pensamiento engatusador: *Los remedios activos para la depresión, como limpiar, son una molestia y una pérdida de tiempo. Tienes mejores cosas que hacer, como ver tu telenovela favorita.*

Dale la vuelta a tu pensamiento: *Empieza a limpiar la casa mientras escuchas la telenovela. Aquí estás haciendo dos cosas a la vez: una activa y otra pasiva.*

Ahora, inténtalo tú. Detecta tu pensamiento de procrastinación-depresión y dale la vuelta.

24

EL MÉTODO «SIMPLEMENTE HAZLO»

Qué debes saber

Cuando procrastinas, es como montar un caballo que te lleva a un lugar al que no quieres ir. El caballo es como el poderoso cerebro primitivo, que va en busca del placer y evita el dolor. Cuando el caballo tiene el control, va donde quiere, y su inclinación es seguir sus caminos habituales hacia lugares que le resultan familiares. El jinete, en cambio, es el lado racional de tu personalidad que anula el impulso. En vez de derrumbarte automáticamente en la desesperación, tu jinete guía las acciones correctivas que emprendes.

¿Qué ocurre cuando te conviertes en el jinete –cuando tomas las riendas y diriges al caballo, que es tu cerebro, hacia acciones antidepresivas–? De nuevo, es probable que experimentes conflictos. Al principio, puedes experimentar una fuerte resistencia. El caballo no se mueve. Pero tú tomas las riendas. Canalizas la energía y la fuerza del caballo en una nueva dirección. Esto requiere un esfuerzo mental, pero si usas tus facultades mentales superiores de forma productiva, es menos probable que te desvíes.

Qué puedes hacer

El psicólogo de Florida Robert Heller sugirió en una ocasión un modo de bloquear la espiral descendente de la depresión. Señaló que, cuando están deprimidas, las personas tienden a replegarse de los demás y de muchas actividades de la vida cotidiana, y entran en una espiral descendente con una creciente sensación de aislamiento y soledad. La clave para cambiar esta dinámica consiste en interrumpir la pauta. Como alternativa, Heller sugiere una técnica de «simplemente hazlo», en la que inicialmente actúas sin ningún tipo de inspiración. Y defiende la postura de que, al cambiar tu comportamiento, puedes desplazar tu atención de las premoniciones y los pensamientos depresivos a las acciones antidepresivas.

Para aprovechar esta idea, lleva un registro de actividades como herramienta motivacional. El propósito del registro es llevar la cuenta de lo que haces cada día y añadir actividades de forma gradual y constante, independientemente de cómo te sientas. Este registro también proporciona un modo de medir tu progreso a lo largo del tiempo. Puede ser un diario junto a tu cama donde anotes todas las cosas que has hecho ese día. O un pequeño cuaderno que lleves contigo y en el que anotes lo que haces a medida que va sucediendo. Incluso podrías ser creativo y publicar directos en las historias de Instagram que puedas volver a ver más tarde.

La otra clave de este ejercicio es reservar tiempo para revisar lo que has estado haciendo. Al revisar tu registro continuo, puedes reconocer lagunas en tus actividades, por ejemplo, cuando evitas contactos personales que podrían ayudarte a frenar la soledad. Entonces podrías añadir actividades en las que pases tiempo con otras personas. Esto puede incluir gestos tan sencillos como saludar a tus vecinos o preguntar al dependiente de una tienda dónde puedes encontrar un producto. En vez de hacer la compra una vez a la semana, podrías optar por comprar un artículo básico distinto cada día.

Para beneficiarte de este método, sigue haciendo este ejercicio aunque no experimentes ningún placer al principio. Al fin y al cabo, una característica primordial de la depresión es la facultad de sentir placer. Este ejercicio allana el camino para que te sientas mejor.

25

DESAFIAR LA DESESPERANZA

Qué debes saber

Puedes sentirte en una situación desesperada cuando estás atrapado en un atasco en hora punta de camino al aeropuerto cuando tan solo faltan veinte minutos para que despegue tu avión. La desesperanza en la depresión es otra cosa. En ella, tienes posibilidades de actuar de alguna manera, aunque las acciones sean pequeñas –y aunque a menudo crees que no puedes cambiar–. Con esta mentalidad no tienes ninguna posibilidad de tener éxito, de mejorar, de obtener ayuda o de encontrar una solución.

Sin embargo, esta idea de desesperanza es un mito. Como las sirenas, que cautivaban las mentes de los marineros y los atraían al naufragio y al desastre, esos pensamientos fatalistas pueden paralizarte.

La desesperanza es un mito porque la mente humana está hecha para adaptarse. Podemos generar ideas diferentes, hacer predicciones y avanzar hacia oportunidades futuras positivas. Podemos evitar riesgos excesivos y peligros visibles. Podemos resolver problemas. Sin embargo, a veces olvidamos que estas capacidades están a nuestro alcance –si decidimos recurrir a ellas–. Esta actividad se centra en un enfoque adaptativo para hacer frente a tu sensación de desesperanza.

Qué puedes hacer

La clave de este enfoque es dedicar tiempo a cuestionar tus pensamientos desesperanzados. Haz una pregunta a tu mente desesperanzada como punto de partida, y luego respóndela explorando las opciones que tienes a mano. A continuación encontrarás algunos ejemplos.

Pensamiento desesperanzado: *No tengo lo que hace falta para cambiar.*

Hazle una pregunta: *¿Qué puedo esforzarme por cambiar que merezca la pena y que esté bajo mi control?*

Responde a la pregunta: *He empezado a hacer ejercicio para combatir las sensaciones y el estado de ánimo depresivos. He hecho progresos. Puedo hacer cambios positivos, y ya lo estoy haciendo.*

Pensamiento desesperanzado: *Siempre voy a sufrir.*

Hazle una pregunta: *¿Dónde está la prueba de que mi estado de ánimo seguirá siendo constantemente negativo?*

Responde a la pregunta: *La respuesta es que no hay ninguna prueba de que mi estado de ánimo deprimido vaya a continuar para siempre. La educación sobre la depresión me proporciona una predicción diferente. Es probable que aprenda a controlar los síntomas de la depresión. Las ideas poco realistas están sujetas a evaluación y revisión. El ejercicio físico ayuda a estimular las endorfinas, o sustancias químicas cerebrales que nos hacen sentir bien. En resumen, tengo el poder de iniciar muchas formas de cambiar.*

La desesperanza puede ser uno de los temas depresivos más dolorosos. Sin embargo, la creencia de que el cambio es imposible no se puede probar. Si quieres, puedes escribir las opciones de que dispones. Sería bueno colocarlas en lugares que veas a menudo, o introducirlas como recordatorios en tu teléfono –de este modo estarás rodeado de ideas sobre cómo avanzar en medio de la desesperanza–.

26

VARADO

Qué debes saber

Este ejercicio te ayudará a ponerte de humor para trabajar seriamente en la clarificación de tus valores. Dedica unos diez minutos seguidos para completar este ejercicio. Cierra los ojos para ayudarte a imaginar mejor el escenario. Simplemente relájate, sigue las indicaciones y ábrete a cualquier situación en la que desemboquen. Cuanto más pongas inviertas en ello, más beneficios obtendrás.

Qué puedes hacer

Imagina que estás de viaje por el Pacífico Sur y que, durante una excursión turística en una pequeña embarcación que has alquilado, tienes problemas con el motor. Cuando tu barco comienza a encaminarse hacia los cachones, te das cuenta de que tendrás que nadar hasta una isla cercana para evitar una catástrofe. Nadas para salvar tu vida y acabas en la orilla de una pequeña isla desierta. Duermes al sol y, una vez descansado, te despiertas y evalúas el entorno. Miras a tu alrededor y encuentras algunas cosas interesantes para comer y un lugar protegido donde descansar. Te das cuenta de que no tienes forma de comunicar dónde estás, ya que todo se quedó en el barco de alquiler. Esperas que en algún momento te encuentren, pero no sabes cuándo podría ocurrir.

Entonces, tus pensamientos se vuelven hacia tu familia y amigos –la gente que está en casa–. Se enterarán de que has desaparecido sin dejar rastro y te darán por muerto en el mar. Llorarán. Se reunirán y hablarán de ti y de tu vida. No saben que estás bien y que pronto volverás con ellos. Finalmente, decidirán recordarte en un funeral. Se pondrán de acuerdo para escribir panegíricos y se reunirán para compartirlos entre ellos y recordarte. Los elogios suelen hablar de las cualidades más duraderas por las que se recuerda a una persona y del impacto que tuvo en las vidas de aquellas personas que dejó atrás.

Imagina ahora que puedes estar allí sin ser observado, como un pájaro invisible que vuela por encima de ellos, y escuchar estos sinceros discursos de reconocimiento. ¿Qué dice tu pareja de ti como persona? ¿Cómo te describe como amante, pareja y compañero de juegos? Si tienes uno o varios hijos, ¿qué palabras usan ellos para describir tu vida y tus consejos sobre cómo vivirla? ¿Cómo resumen tus esfuerzos para prepararlos a seguir adelante sin ti? ¿Qué dirían tus amigos, tus compañeros de trabajo y tus vecinos? ¿Qué dirían de tu vida espiritual? ¿Qué dirían de tu participación en la comunidad en la que vives? ¿Cómo te recuerdan los asistentes en cuanto a tu capacidad para divertirte, relajarte o participar en actividades de ocio?

Qué más puedes hacer

Una vez que hayas completado este ejercicio imaginario, tómate unos minutos para reflexionar sobre estas preguntas, o escribe tus respuestas en un diario o en tu teléfono.

Basándome en cómo estoy viviendo mi vida ahora mismo, ¿qué escuché en el panegírico...

... de mi pareja?
... de mis hijos?
... de mis amigos más cercanos?
... de mis compañeros de trabajo?
... de los miembros de mi comunidad?
... de las personas de mi comunidad espiritual?

Si pudiera haber vivido mi vida como hubiera querido, ¿qué me gustaría haber escuchado...

... de mi pareja?
... de mis hijos?
... de mis amigos más cercanos?
... de mis compañeros de trabajo?
... de los miembros de mi comunidad?
... de las personas de mi comunidad espiritual?

¿Existe alguna diferencia entre lo que crees que escucharías si el funeral se celebrara hoy y lo que idealmente te gustaría escuchar? Cualquier diferencia puede brindarte información importante. En primer lugar, fíjate en lo que escribiste y en lo que probablemente escucharías en función de cómo estás viviendo en este momento. Probablemente hayas enumerado algunas cosas que te han conmovido, ya que sin duda haces cosas que reflejan tus valores y que tus seres queridos perciben. Al mismo tiempo, es posible que hayas escrito cosas de las que no te sientas muy orgulloso. Esto es algo a lo que debes prestar atención, porque puede ser una invitación para que hagas algún trabajo correctivo en esa área. Por cierto, todos tenemos esas áreas, ¡así que no te desanimes!

En segundo lugar, comparar lo que escucharías actualmente con lo que idealmente te gustaría escuchar en tu funeral pone de manifiesto valores que quizás hayas dejado en un segundo plano. Puede tratarse de valores importantes que están siendo socavados por el hecho de que evitas problemas vitales con carga emocional o a los que simplemente no has dado prioridad últimamente. ¿Qué pasos puedes dar para que tu vida actual esté más en línea con tu vida tal y como te gustaría que fuera?

27

OBSERVAR TUS JUICIOS

Qué debes saber

Este ejercicio te ayudará a practicar la distinción entre el hecho de describir cosas y el hecho de juzgarlas.

En este ejercicio, estudiarás un objeto de tu entorno, una persona que conoces y un acontecimiento de tu pasado. Para cada uno de ellos, te pedimos que observes la tendencia que tiene tu mente reactiva a interesarse más por los juicios que por los hechos. Cuando adviertas que ocurre esto –por ejemplo, si acabas criticando la silla en la que estás sentado por ser demasiado rígida e incómoda–, limítate a decirte a ti mismo: *Gracias, mente, por darme la evaluación de que…*; por ejemplo, *Gracias, mente, por darme la evaluación de que esta silla es demasiado rígida e incómoda*. Este ejercicio también te da la oportunidad de ver similitudes y diferencias entre las respuestas de tu mente reactiva a objetos, a personas y a acontecimientos.

Qué puedes hacer

Selecciona un objeto en el que quieras centrar tu atención durante unos minutos: una taza de té, un mueble, un cuadro, un arreglo floral, algo específico. Concéntrate en ese objeto durante unos minutos y céntrate únicamente en describirlo –no en juzgarlo–. Escribe tu descripción del objeto en cualquier hoja de papel que tengas a mano.

A continuación, anota cualquier juicio que pueda haber surgido.

Por último, agradece a tu mente reactiva que te haya transmitido cada uno de esos juicios.

Ahora, haz lo mismo con una persona –descríbela usando únicamente descripciones, no juicios–.

¿Qué juicios surgen? Recuerda que, en el caso de las personas, los juicios pueden referirse a su estado de ánimo, a lo que crees que piensa de ti o a lo que te parece bueno o malo de esa persona. Anota los juicios.

Por último, agradece a tu mente reactiva que te haya transmitido cada uno de esos juicios.

Ahora, trae a tu mente un acontecimiento difícil de tu vida. Puede ser de tu infancia, de tu adolescencia o de tu edad adulta. Elige algo que haya sido un problema para ti en cuanto a las reacciones emocionales que desencadena. Enfoca el ojo de la mente en este acontecimiento hasta que estés seguro de que tienes la imagen con todo lujo de detalles; a continuación, escribe tu descripción del acontecimiento real.

Advierte cualquier juicio que surja mientras escribes; puedes incluir cómo te afecta el acontecimiento ahora, cómo ha cambiado tu vida, o evaluaciones sobre lo correcto y lo incorrecto o sobre lo bueno y lo malo, como: «Lo que hice fue repugnante» o: «Lo que dijo fue desconsiderado». Pon tus juicios por escrito.

Una vez más, agradece a tu mente reactiva que te haya transmitido cada uno de esos juicios.

Qué más puedes hacer

¿Qué has notado al realizar este ejercicio? A menudo, nuestra mente reactiva tiende a insertar más evaluaciones a medida que los riesgos emocionales aumentan. Dejar a un lado tus juicios sobre una taza es muy diferente a dejar a un lado tus juicios sobre un recuerdo personal doloroso. Puede que te hayas dado cuenta de que recordabas un acontecimiento vital doloroso principalmente en términos de los juicios sobre él. Para algunas personas, los juicios están tan arraigados que resulta realmente difícil volver al acontecimiento original y describirlo en términos fácticos y objetivos. Practicar esta técnica te ayudará a detectar tus juicios para que puedas dejarlos ir.

28

PRÁCTICA DE LA BONDAD AMOROSA

Qué debes saber

Existen diversas prácticas de meditación asociadas al desarrollo de la compasión, que en ocasiones se denominan prácticas de meditación de la bondad amorosa. Te recomendamos que empieces con una breve práctica diaria.

Qué puedes hacer

Tus primeros esfuerzos consistirán en utilizar frases clave de compasión dirigidas a un benefactor, o a alguien que mostró un gran interés por ti y que hizo todo lo posible por ayudarte a aprender y a crecer –alguien que fue amable contigo cuando cometías errores y que mostró curiosidad por tu potencial como ser humano y lo alentó–. No todo el mundo puede identificar a un benefactor, así que si no te viene nadie a la mente de inmediato, puedes elegir a un amigo en su lugar. Es mejor elegir a alguien que sea generoso y cariñoso contigo con quien no mantengas una relación sexual. También es mejor elegir a alguien que esté vivo –pero no pasa nada si eliges a alguien que haya fallecido–. Dedica unos días o hasta unas semanas a practicar los siguientes deseos para esta persona elegida:

Que estés seguro.
Que estés sano.
Que seas feliz.
Que estés tranquilo.
Que conozcas la paz.

A continuación, empieza a dirigir afirmaciones hacia desconocidos. Puedes probar con la primera persona que veas por la calle. Hazlo durante varios días.

Que estés seguro.
Que estés sano.
Que seas feliz.
Que estés tranquilo.
Que conozcas la paz.

Por último, dirige las afirmaciones compasivas hacia ti mismo:

Que estés seguro.
Que estés sano.
Que seas feliz.
Que estés tranquilo.
Que conozcas la paz.

Sea quien sea el foco de tu compasión (benefactor, amigo, desconocido o tú mismo), intenta incluir siempre una secuencia en la que dirijas tus deseos de compasión a un grupo más amplio (la gente de tu bloque, la gente de tu ciudad, todos los seres de este mundo). Para la mayoría de la gente, es más fácil ser compasivo con los demás, así que este enfoque te ayuda a aprovechar eso.

Practica diariamente en cualquier momento que te resulte conveniente y durante 5-30 minutos, centrándote en los deseos y en el objetivo de esos deseos. Concentra tus esfuerzos en crear imágenes, emociones y sensaciones coherentes con tus deseos. ¡Y siéntete libre de emplear tus propias palabras para expresar tu amor y tu bondad! Comprueba qué efecto puede tener la bondad amorosa en tu estado de ánimo y en tu capacidad para ser amable con los demás y contigo mismo.

29

TOMAR DECISIONES RÁPIDAS

Qué debes saber

Una cosa que hace especiales a los seres humanos es el hecho de tener un córtex prefrontal tan grande. El córtex prefrontal nos permite resolver problemas matemáticos complejos, montar muebles de Ikea, enviar astronautas a la Luna y organizar cenas con éxito.

Piensa en una partida de ajedrez. ¿Cómo sabes qué movimiento tienes que hacer? Miras el tablero y realizas una simulación mental. Podrías mover tu caballo, pero entonces tu oponente podría comerse a tu alfil, aunque expondría a su rey. Por tanto, deberías mover primero tu alfil, para que tu adversario no pueda comérselo después de que muevas tu caballo. Todos esos pensamientos tienen lugar en el córtex prefrontal. Es como una máquina de realidad virtual que te permite imaginar el futuro y predecir las consecuencias de tus acciones.

¿Cuál es la diferencia entre planificar y preocuparse? La respuesta es, en realidad, solo la cantidad de procesamiento emocional y orientado hacia uno mismo –con qué vigor reacciona tu córtex prefrontal ante posibles escenarios futuros–. Tanto la planificación como la resolución de problemas implican proyectarte a ti mismo u otros elementos de información en el futuro y evaluar cómo te sentirías ante un resultado en particular. Preocuparse tiene esa misma característica, pero está teñida de emociones más negativas. Preocuparse empeora tu estado de ánimo, y cuando tu estado de ánimo empeora, te preocupas más, lo que constituye una clásica espiral descendente.

Qué puedes hacer

Toma una decisión. La ansiedad y la preocupación son provocadas por la posibilidad, no por la certeza. De hecho, muchas personas son menos felices cuando tienen más opciones, porque tienen más de qué preocuparse. Cuando todo está en el aire, la amígdala se vuelve más reactiva. La amígdala es la parte del cerebro que modula las respuestas emocionales –protege tu cerebro contra las amenazas y, a diferencia del córtex prefrontal, reacciona instantáneamente cuando surgen–. Así que, si tiendes a preocuparte, reduce tus opciones y toma decisiones rápidas siempre que sea posible. En cuanto tomas una decisión, por pequeña que esta sea, todo empieza a parecer más manejable.

30

LA REGLA DE LA ANTIPEREZA

Qué debes saber

Uno de los mayores obstáculos para hacer ejercicio es que las personas con depresión no tienen ganas de hacerlo. Pensar en hacer ejercicio suele ir acompañado de pensamientos negativos automáticos tales como: *Oh, no me va a resultar de ayuda*. Pero eso es solo porque el cerebro deprimido está atrapado en un bucle depresivo y no sabe cómo salir de él.

No existe una solución única al problema de la motivación. Pero esto también significa que cualquier pequeña cosa que puedas hacer es un paso en la dirección correcta. Cada minuto que caminas en vez de sentarte en el sofá es un salto hacia una espiral ascendente que llevará a que te sientas mejor.

Recuerda que aunque parezca que el ejercicio no esté funcionando, sigue provocando muchos cambios cerebrales inadvertidos. Está modificando circuitos, liberando neuroquímicos positivos y reduciendo las hormonas del estrés. Así que deja de preocuparte por si cada paso te hará sentir mejor. Deja de preguntarte: *¿Ya me siento mejor?* Limítate a sumergirte en la tarea de vivir tu vida.

Qué puedes hacer

Haz de la antipereza tu regla. Por ejemplo, decide de antemano que subirás por las escaleras todo lo que esté a menos de tres pisos. Decide que irás andando a hacer cualquier recado que esté a menos de un kilómetro y medio o en bicicleta a cualquier lugar que esté a menos de tres kilómetros. Comprométete a no coger nunca una escalera mecánica si las escaleras están justo al lado. No des vueltas por el aparcamiento buscando una plaza más cercana y aparca en la primera que veas. Comprueba si esta práctica te ayuda a iniciar la espiral hacia otros comportamientos nuevos.

31

OFRECERTE AUTOAFIRMACIONES

Qué debes saber

Dos estudios del Reino Unido descubrieron una forma inteligente de ayudar a cambiar los malos hábitos (Armitage, Harris, Hepton, and Napper 2008; Epton and Harris 2008). El truco es la autoafirmación, que puede sonar cursi, pero los resultados fueron innegables. En el primer estudio, los fumadores respondieron a una serie de preguntas. A los miembros del grupo de control se les hicieron preguntas algo aleatorias sobre sus opiniones, tales como: «¿Es el helado de chocolate el que tiene mejor sabor?». Sin embargo, a los del grupo de «autoafirmación» se les hicieron preguntas que les hacían centrarse en las mejores partes de sí mismos: «¿Alguna vez has perdonado a otra persona cuando te ha hecho daño?» o: «¿Alguna vez has sido considerado con los sentimientos de otra persona?». Si los participantes respondían afirmativamente, se les pedía que dieran más detalles, lo que servía para llamar su atención sobre sus cualidades positivas. A continuación, ambos grupos leyeron un paquete informativo sobre los efectos negativos del tabaco en la salud.

El estudio descubrió que los fumadores del grupo de las autoafirmaciones desarrollaron una mayor intención de dejar de fumar y eran también más propensos a empezar a investigar cómo hacerlo. Y lo que es más importante, el efecto de la autoafirmación fue mayor en los fumadores más empedernidos. Esto significa que para las personas que están peor, una pequeña cantidad de autoafirmaciones logra los mejores resultados.

Los estudios muestran que pensar en tus cualidades positivas hace que resulte más fácil cambiar de hábitos. Es un fenómeno genial.

Qué puedes hacer

Responde a esta lista de preguntas con un sí o un no. Si respondes afirmativamente a alguna de ellas, detállala. Sé todo lo concreto que puedas sobre las situaciones y tus virtudes:

- ¿Alguna vez has perdonado a otra persona que te ha hecho daño?
- ¿Alguna vez has sido considerado con los sentimientos de otra persona?
- ¿Alguna vez has dado dinero u objetos a alguien menos afortunado que tú?
- ¿Alguna vez has intentado animar a alguien que había tenido un mal día?
- ¿Alguna vez has animado a un amigo a perseguir un objetivo?

Vuelve a observar ahora lo que has escrito. ¿Acaso el hecho de ver las cosas positivas que has hecho hace que te resulte más fácil reunir la determinación necesaria para hacer algo que te resulta difícil o para cambiar un hábito que preferirías no haber adquirido? Piensa qué afirmaciones puedes llevar contigo en tu día a día, especialmente en los días en los que tienes dificultades.

32

ESCRIBIR UNA CARTA DE AGRADECIMIENTO

Qué debes saber

Cuando te sientes deprimido, la vida está llena de decepciones y carece de cosas que necesitas desesperadamente –una buena noche de sueño, un trabajo bien hecho, una cara amiga–. Pero aunque la brecha entre lo que quieres y lo que tienes pueda parecer grande, nunca es tan amplia como parece cuando te sientes abrumado por la depresión. Es más, existe una fuerza poderosa que combate directamente la negatividad, y se llama «gratitud».

La gratitud es un potente antídoto contra la negatividad porque no depende de las circunstancias de tu vida. Podrías ser pobre y estar hambriento y, aun así, agradecer una brisa cálida. A la inversa, podrías ser rica y poderosa y, aun así, estar molesta por el ruido que hace tu marido al masticar –o devastada cuando pierdes a alguien cercano–. La gratitud es un estado mental –de hecho, hay un circuito de gratitud en tu cerebro que necesita urgentemente un entrenamiento–. Fortalecer ese circuito te brinda el poder de elevar tu salud física y mental, de impulsar la felicidad, de mejorar el sueño y de ayudarte a que te sientas más conectado con otras personas. Es importante destacar que el efecto de la gratitud es mayor en aquellas personas que presentan niveles más altos de desesperanza. Cuando todo parece sombrío y sin sentido, un poco de gratitud ayuda mucho.

La gratitud también reduce la ansiedad. Tanto la preocupación como la ansiedad surgen de la posibilidad de que suceda algo malo. Pero el cerebro solo puede concentrarse en un número limitado de cosas a la vez, así que cuando das gracias por las cosas buenas que podrían ocurrir en el futuro, la gratitud sustituye a esos sentimientos negativos y la preocupación se evapora.

Qué puedes hacer

Piensa en alguien que haya sido especialmente amable contigo –un amigo, un profesor, un compañero de trabajo– a quien nunca hayas dado las gracias adecuadamente. Escribe una carta de agradecimiento a esa persona, especificando lo que hizo y haciéndole ver cómo influyó en tu vida. Concierta una cita después, quizá para tomar un café o una copa, y entrégale la carta en persona. No le digas de qué va la reunión; que sea una sorpresa. Esta forma de gratitud puede tener un efecto duradero. Un estudio mostró que después de escribir y entregar una carta de agradecimiento, las personas tenían mayores niveles de felicidad incluso dos meses después (Froh, Yurkewicz, and Kashdan 2009).

IV

HACER CAMBIOS DE HÁBITOS SENCILLOS QUE AGRADECERÁS DESPUÉS

33

ALIMENTOS QUE MEJORAN EL ESTADO DE ÁNIMO

Qué debes saber

Cuando las sustancias químicas de nuestro cerebro que regulan el estado de ánimo se desequilibran, la depresión puede desencadenarse o acentuarse. Dado que los alimentos que ingerimos afectan a las sustancias químicas de nuestro cerebro, el hecho de comer determinados alimentos puede alterar nuestro estado de ánimo.

Una buena dieta es solo un aspecto del autocuidado, y no lo arreglará todo, pero prestar atención a tu dieta y practicar una nutrición saludable puede ayudarte a aliviar, e incluso prevenir, los sentimientos de depresión.

Aunque la composición química de cada persona es un poco diferente, hay algunas vitaminas y nutrientes que se ha demostrado que afectan a las sustancias químicas cerebrales de muchas personas. Entre ellos están las vitaminas del complejo B (sobre todo el ácido fólico), los ácidos grasos omega-3, el azúcar, la cafeína y el alcohol.

La vitamina B-12 se encuentra en la carne, en los productos lácteos y en los huevos. Las demás vitaminas B se encuentran principalmente en los productos integrales y en los cereales enriquecidos, las carnes, las verduras de hoja verde, los frutos secos y las semillas. El ácido fólico (vitamina B-9) también se encuentra en los cítricos, las fresas y el melón cantalupo, los espárragos, el hígado, las judías y las legumbres (alubias y guisantes). Cuando tu organismo tiene un bajo nivel de ácido fólico y de otras vitaminas del grupo B, es posible que tengas más sentimientos de depresión.

Los ácidos grasos omega-3 se encuentran en el pescado de agua fría, como el atún y el salmón. Se ha descubierto que estos ácidos grasos desempeñan un papel fundamental en la función de las sustancias químicas del cerebro. Si tu cuerpo tiene un nivel bajo de estos ácidos, puedes tener sentimientos más fuertes de depresión.

El azúcar blanco se encuentra en caramelos, galletas, pasteles, helados, refrescos y muchos cereales. La cafeína se encuentra en las bebidas de cola, otros refrescos, el té y el café. Ambas sustancias se han relacionado con niveles más altos de depresión. Aunque el azúcar y la cafeína pueden darte un impulso inicial de energía, el nivel de azúcar en sangre del cuerpo desciende muy rápidamente, y pueden aparecer la pereza y la fatiga.

Por último, a menudo se recurre al alcohol como vía de escape de la depresión, pero como afecta al organismo deprimiendo el sistema nervioso central, en realidad empeora la depresión. El alcohol también puede provocar carencias vitamínicas que pueden contribuir a aumentar los niveles de depresión.

Junto con la información sobre alimentos concretos que afectan a nuestras sustancias químicas cerebrales, también es importante saber que una dieta sana es, en general, mejor para evitar la depresión que una poco saludable. Normalmente, una dieta sana incluye más alimentos frescos y naturales y menos alimentos procesados o envasados. Tiene un equilibrio de frutas y verduras, cereales, proteínas y productos lácteos. También incluye una variedad de alimentos de cada una de esas categorías. Cuando llevas una dieta sana, tu cuerpo y tu mente funcionan mejor y puedes afrontar mejor los altibajos de la vida diaria. Cuando llevas una dieta poco sana, tienes menos energía física y emocional para repeler los sentimientos de depresión.

Qué puedes hacer

Lleva un registro de tu consumo de alimentos y bebidas y de tu nivel de sentimientos depresivos durante una semana. Anota todo lo que comes o bebes, y registra tu nivel de depresión tres veces al día. Califica tu depresión del 1 al 5, siendo 1 muy bajo y 5 muy alto.

Qué más puedes hacer

Repasa la información que has registrado sobre ti. ¿Ves algún patrón en tu nivel de depresión? Por ejemplo, ¿pareces sentirte más deprimido por la mañana, por la tarde o por la noche?

Compara la cantidad que comes de alimentos que pueden aumentar la depresión (azúcar, cafeína, alcohol) con la cantidad que comes de alimentos que pueden disminuirla (los que contienen vitaminas del grupo B o ácidos grasos omega-3). Describe lo que observes:

- Cuando revises tu consumo de alimentos, determina si tu dieta es más sana o más insana.
- Describe si comes o no una variedad de alimentos y un equilibrio de alimentos de distintos grupos.
- Describe si comes o no alimentos frescos y no procesados.
- Describe cualquier conexión que adviertas entre lo que metes en tu cuerpo y tu nivel de depresión.
- Reflexiona sobre cómo podrías mejorar tu dieta de forma realista para mejorar tu estado de ánimo.

Cuando empieces a implementar con éxito un cambio de dieta, observa qué efecto tiene en tu estado de ánimo y en tu capacidad para afrontar las cosas difíciles que se te presenten. ¿Te das cuenta de que tienes más energía y un mayor grado de calma y flexibilidad?

34

SEGUIR LAS AES

Qué debes saber

La mayoría de la gente siente estrés casi a diario. Cuando no sabes cómo manejar el estrés, es fácil sentirse deprimido, porque a menudo te sientes ansioso, cansado o abrumado. Aprender técnicas de manejo del estrés puede ayudarte a alejarte de los sentimientos de depresión. A continuación presentamos tres técnicas sencillas que puedes probar.

1. Evítalo [Avoid it]. Aléjate de las situaciones estresantes siempre que puedas; no te metas a propósito en situaciones que sepas que son muy estresantes para ti; no te obsesiones con pensamientos que eleven tu nivel de estrés.
2. Ajustar. Si no hay forma de evitar una situación estresante, o te encuentras en una de todos modos, haz todo lo posible para cambiar la situación, de modo que sea menos estresante.
3. Altera tu forma de pensar. Si no puedes cambiar algo, cambia tus pensamientos sobre ello para que no lo percibas como tan estresante. O cambia tu forma de afrontarlo para poder manejarlo mejor.

Por ejemplo, a Anna le encantaba el arte, pero también le causaba estrés. Sus clases particulares le quitaban mucho tiempo de su ya apretada agenda; además, a menudo se comparaba con los demás en la clase colectiva y sentía que no era muy buena artista.

De modo que Anna intentó seguir las Aes. Pensó en evitar el arte por completo, pero sabía que no quería hacerlo porque disfrutaba mucho de él. Pensó en hacer ajustes y se dio cuenta de que podía reducir sus clases de pintura o abandonar otra afición para así disponer de más tiempo. También decidió que el arte era más importante para ella que otros pasatiempos, así que dejó el tiro con arco.

Luego pensó en cómo podía cambiar su forma de pensar. Decidió dejar de compararse con las demás personas de su clase; no la ayudaba y solo hacía que se sintiera estresada. También decidió dejar de preocuparse por el futuro. Si no se dedicaba profesionalmente al arte, podría seguir pintando por afición y disfrutar igual.

Los cambios que Anna introdujo en su forma de relacionarse con el arte le permitieron disponer de mucho más tiempo para practicarlo. Además, no se sentía tan presionada y disfrutaba más que antes pintando. Su nivel de estrés bajó y sus sentimientos de depresión remitieron.

Qué puedes hacer

Haz una lista de las situaciones de tu vida que te resultan estresantes. Ordénalas de más a menos estresantes.

Luego, para cada situación, escribe cómo puedes seguir las Aes para ayudarte a manejar el estrés. ¿Hay algo que te provoque estrés en las situaciones que puedas Evitar? ¿Hay algún aspecto de las situaciones que puedas Ajustar? ¿Hay formas de Alterar tu forma de pensar sobre estas situaciones para que resulten menos estresantes y abrumadoras?

35

SALIR DE UNO MISMO

Qué debes saber

Los sentimientos de depresión tienden a aumentar cuando las personas piensan demasiado en sus propios problemas. Dejar de centrarte en ti mismo, o salir de ti mismo, puede ayudar a que te sientas mejor. Un modo eficaz de hacerlo es centrarse en ayudar a otra persona que lo necesite.

Chantelle se sentía deprimida porque estaba sola. Incluso entre la multitud, a menudo se sentía como si no tuviera amigos. No se sentía unida a nadie. Cuando se unió al Comité de Voluntarios le pidieron que ayudara en distintos lugares de la comunidad que necesitaban apoyo adicional. Una semana, leyó cuentos a los niños que estaban en la unidad oncológica del hospital. La semana siguiente, ella y los demás miembros del club cantaron canciones navideñas en la residencia de ancianos. La semana siguiente, Chantelle recogió alimentos enlatados y ropa para personas cuyas casas habían sido destruidas por un huracán.

Cada vez que Chantelle volvía a casa después de un acto de voluntariado, se sentía menos sola por dentro. Se dio cuenta de que durante el tiempo que había estado ayudando a otras personas, había dejado de pensar en sus propios sentimientos de depresión. También se dio cuenta de que muchas personas se encontraban en situaciones peores que la suya propia, y se sentía bien porque podía hacer algo para ayudarlas. Por último, descubrió que le gustaba relacionarse con las personas a las que ayudaba. Siempre se alegraban de verla.

Qué puedes hacer

Piensa en alguien que conozcas que esté sufriendo de algún modo, que necesite ayuda con algo o que necesite que le animen. Puede tratarse de un amigo, de un familiar, de un vecino, de un miembro del personal del colegio o de cualquier otra persona que conozcas. Piensa en un acto de bondad que podrías hacer por esa persona durante la próxima semana. ¿Podrías ayudarle con una tarea? ¿Enviarle una tarjeta o una nota de ánimo? ¿Invitarle a tomar un refresco o un café? ¿Escucharle? Anota tus ideas en algún sitio.

Planifica llevar a cabo tu idea. Di cuándo y cómo lo harás.

Después de haber llevado a cabo tu plan, describe lo ocurrido.

¿Con qué frecuencia pensaste en tus propios sentimientos de depresión mientras planeabas y llevabas a cabo este acto de bondad?

¿Cómo te sentiste después de dar este regalo de ti mismo?

Qué más puedes hacer

Las actividades que enumeramos a continuación ofrecen una serie de oportunidades para salir de ti mismo y ayudar a otras personas. Rodea con un círculo las que te parezcan interesantes:

tutoría de niños

leer a los ciegos

recolectar materiales reciclables
hacer trabajo de oficina
entregar libros de la biblioteca
recaudar dinero
pintar casas
planificar eventos
construir casas
cuidar animales
ser guía turístico
ser monitor de campamento
donar sangre
cuidar niños
visitar a ancianos
llamar por teléfono
limpiar casas
vender pasteles
ayudar a los profesores
hacer caminatas
ser entrenador deportivo
traducir
rellenar sobres
tocar en una banda
repartir comida a personas confinadas en sus hogares
enseñar inglés a extranjeros
preparar botiquines de primeros auxilios
cocinar
escribir a presos
cortar el césped
escribir a soldados

trabajar con discapacitados
servir comida
responder a una línea telefónica de crisis
visitar a personas hospitalizadas
preparar comidas para las personas sin hogar

También puedes anotar en un papel aparte o en tu teléfono otras actividades de voluntariado que te gustaría probar.

Ahora, rodea con un círculo cualquiera de las habilidades o talentos de la siguiente lista que podrías enseñar a los demás:

coser
cocinar
pintar
jugar a las cartas
montar en bicicleta
jardinería
teclear
tricotar
hornear
bailar
silbar
leer
hacer joyas
jugar al ajedrez
escribir
nadar
manualidades
trabajar la madera
hacer cálculos matemáticos
decorar interiores
jugar al baloncesto
arreglar coches
dibujar
cantar
hacer fotografías
usar el ordenador
montar en monopatín
jugar al tenis
hacer álbumes de recortes
tocar un instrumento
escribir poesía
cuidar mascotas
navegar

Enumera otras habilidades o talentos que tengas y que no aparezcan en esta hoja de papel o en tu teléfono.

Elige ahora una de las ideas que has señalado e imagina cómo crees que sería intentar ayudar a alguien con esta actividad.

Puedes encontrar personas que necesitan ayuda todos los días si simplemente miras a tu alrededor. Si quieres probar un voluntariado más organizado pero no sabes dónde encontrarlo, empieza por llamar al hospital local, al lugar de culto o al ayuntamiento de tu localidad. También puedes buscar en Internet en http://www.networkforgooddaf.org y en http://www.volunteermatch.org.

36

SUPERAR LA EVITACIÓN DE LO INCÓMODO

Qué debes saber

Evitar lo incómodo es una excusa habitual para posponer actividades que son buenas para ti y que no siempre son las más divertidas, como hacer ejercicio. Aquí es donde optas por actividades más fáciles o seguras. Supongamos que te gustan los beneficios de hacer ejercicio. Tienes buenas razones para creer que hacer ejercicio puede acabar brindándote cierto alivio de la depresión. Al mismo tiempo, te preocupa lo mal que te sientes, de modo que te resulta difícil salir a hacer ejercicio. Preocuparse es una distracción.

Llegas a una encrucijada en la que puedes elegir entre hacer o preocuparte. Ahora te enfrentas al eterno dilema de la doble agenda de la procrastinación. Quieres los beneficios de hacer ejercicio. También quieres evitar el malestar que supone prepararte para el ejercicio y hacer ejercicio, especialmente cuando ya crees que te falta energía. Ese es el dilema.

Al enfrentarte al dilema, puedes experimentar una lucha de la mente contra sí misma. Hacer ejercicio requiere esfuerzo y puede resultar incómodo, por lo que recibes señales de la parte inferior de tu cerebro –las regiones del cerebro (como la amígdala) que son más antiguas que tu córtex prefrontal y están más centradas en el instinto y en evitar el dolor– para que no lo hagas. Pero también conoces los beneficios a largo plazo del ejercicio, así que la voz de la razón te dice que lo hagas. Y ahora tienes la oportunidad de llegar a un acuerdo contigo mismo. Puedes aceptar que hacer ejercicio es incómodo y darle a tu cerebro primitivo su merecido. Luego sigue las instrucciones de tu razón ilustrada.

Qué puedes hacer

He aquí otras formas de inclinar la balanza a favor de un enfoque razonado del ejercicio:

- Haz ejercicio incluso cuando no tengas ganas.
- Acepta que los impulsos de evitación solo duran un tiempo. No son definitivos.
- En vez de esperar a sentirte inspirado mientras estás tumbado en el sofá, espera a que se te pase el impulso de desviarte mientras vas en bicicleta de camino al gimnasio.
- Niégate a aceptar el pensamiento de que es imposible hacer ejercicio si estás gravemente deprimido o de que no vale la pena aunque pudieras hacerlo. En vez de ello, trata ese pensamiento como hipotético. Pon a prueba tus hipótesis, aunque sea de forma limitada (véanse las Actividades 5 y 25).

37

AMPLIAR EL VOCABULARIO EMOCIONAL

Qué debes saber

Es difícil saber qué hacer cuando todo lo que sientes es «malo». Cuantas más palabras emocionales tengas a tu disposición, ¡mejor! Vamos a poner al día tu vocabulario emocional:

abandonado
abatido
aburrido
afectuoso
agitado
amable
amistoso
ansioso
apasionado
aprensivo
armonioso
asustado

avergonzado
benevolente
calmado
cariñoso
compasivo
conectado
culpabilizador
culpable
decepcionado
deprimido
desapegado
desconfiado

desenfadado
desmoralizado
despreocupado
dichoso
empático
enfadado
escéptico
frustrado
hostil
impaciente
irritable
justo

más seguro	receptivo	tranquilo
melancólico	satisfecho	trascendente
pacífico	sereno	triste
prejuicioso	solitario	vengativo
receloso	sosegado	victimizado

Qué puedes hacer

El objetivo de las próximas tres semanas es aprender y utilizar tres de las palabras de la lista cada día. Para alcanzar tu objetivo, te recomendamos que emplees cada palabra en al menos una ocasión para describir algún tipo de experiencia directa que estés teniendo.

Por ejemplo, podrías elegir las palabras «frustrado», «curioso» y «tímido». Durante el día, presta mucha atención a lo que sientes, piensas y haces, e intenta emplear esas palabras juntas o por separado para describir algún tipo de experiencia que estés teniendo en el trabajo, en casa, en la escuela o cuando estás solo. Si sigues este sencillo ejercicio, al cabo de tres semanas habrás utilizado más de sesenta palabras diferentes para describir y afrontar las emociones relacionadas con el estrés. Esto supondrá una gran diferencia en cómo experimentas el estrés. Notarás una diferencia en cómo comprendes las emociones y te relacionas con ellas. Esto no significa que no vayas a tener estrés, sino únicamente que podrás describir las emociones con más precisión y controlar los impulsos de adoptar conductas de escape o evitación.

38

TOMAR EL CAMINO INTERMEDIO

Qué debes saber

Este ejercicio te invita a encontrar una actividad que crees que te ayudará a desarrollar una menor reactividad y un mayor equilibrio en tus perspectivas cotidianas de la vida.

En primer lugar, describe una situación o un acontecimiento emocionalmente desencadenante reciente. Después, imagina cómo sería una reacción exagerada a ese acontecimiento. A continuación, informa desde la perspectiva del camino intermedio –describe solo los hechos de un modo no reactivo, sin implicarte en tus juicios ni apegarte a ellos–. Por último, piensa en una actividad cotidiana que actúe como punto de referencia para practicar el camino intermedio. En este tipo de actividades se puede incluir el formar parte de una comunidad espiritual, como una iglesia; el unirse a un grupo de yoga o meditación; o el participar en una actividad deportiva que implique autodisciplina y concentración mental.

Qué puedes hacer

Desarrolla un plan para tomar el camino intermedio cuando te sientas impulsado a reaccionar de forma exagerada, ya sea hacia ti mismo o hacia los demás. Prueba a describir un acontecimiento, una situación o una interacción desafiantes con los que estés luchando y, a continuación, responde a las siguientes preguntas:

1. ¿Qué pasaría si reaccionaras de forma exagerada?
2. ¿Qué pasaría si tomaras el camino intermedio?
3. ¿Qué te ayudaría a adoptar una perspectiva de camino intermedio en tu vida?

¿Qué ocurrió cuando te imaginaste tomando el camino intermedio en vez de mostrándote emocionalmente reactivo y crítico? ¿Sentiste que se aliviaba un poco la carga del sufrimiento? ¿Tuviste la sensación de que sería más fácil sobrellevar esta situación en caso de haberte mantenido centrado en el camino intermedio? Si te entrenas para no reaccionar exageradamente ante las «pequeñeces», ¡conservarás gran parte de tu energía mental!

39

DETECTAR OBJETIVOS DE EMOCIONES POSITIVAS

Qué debes saber

Detectar objetivos de emociones positivas en diferentes áreas de la vida te permitirá diversificar las formas de inducir emociones positivas en tu rutina diaria. Ten en cuenta que no tienes que elegir algo que harás todos los días a la misma hora. Puedes variar la hora, la frecuencia y el tipo de actividad como quieras.

Qué puedes hacer

Establece un objetivo al principio de cada día para experimentar una emoción positiva de la lista siguiente y cúmplelo:

- Despertar los sentidos (por ejemplo, oler una rosa, comer lentamente una naranja, observar atentamente la puesta de sol, practicar la respiración abdominal durante cinco minutos).
- Gratitud (por ejemplo, dar las gracias a alguien por hacer algo bueno, pasar algún tiempo con imágenes mentales de cosas por las que estás agradecido en tu vida).

- Generosidad (por ejemplo, abrirle la puerta a alguien, invitar a un compañero de trabajo a un café con leche solo para ser amable).
- Conexión (por ejemplo, ir a la iglesia o a una reunión espiritual, ir a comer con un amigo, coger de la mano a tu pareja mientras paseáis juntos).
- Compasión (por ejemplo, hacer una meditación de compasión de cinco minutos, ayudar a alguien que lo necesite, perdonarte por un error reciente que hayas cometido –por pequeño que sea– y disfrutar de ello).
- Jugar (por ejemplo, llevar a los niños al parque o correr con ellos, ir al cine con tu pareja, participar en un juego de cosquillas con tu pareja o tus hijos).
- Valorar (por ejemplo, sentarte con tu pareja y compartir cómo os ha ido el día, hacer ejercicio durante veinte o treinta minutos, preparar comida sana para todos los miembros de la familia).

¿Cómo te ha ido detectando emociones positivas, generando acciones de las que pudieras disfrutar? Cuando te imaginabas haciéndolas, ¿advertiste una sensación de positividad en tu interior? De ser así, es un buen indicador de que es probable que experimentes positividad si seleccionas ese comportamiento. ¿Pudiste averiguar cuándo sería el momento más apropiado para realizar una acción? Está bien adaptar estas cosas a tu estilo de vida actual. Sin embargo, hay ocasiones en que tienes que priorizar entre algo que estás acostumbrado a hacer y algo que te gustaría hacer en tu rutina diaria. Con frecuencia nos enseñan que solo después de completar toda nuestra lista de tareas pendientes podremos hacer algo divertido, relajante o introspectivo. Intenta no caer en esa trampa; ¡solo es tu mente reactiva que te está dando más reglas que seguir!

40

DORMIR ESTUPENDAMENTE

Qué debes saber

La mayoría de nosotros pensamos que dormir es una gran pérdida de tiempo, que es un momento en que nuestro cerebro no hace gran cosa. Pero, de hecho, el sueño tiene una intrincada arquitectura que se ve afectada por nuestra vida de vigilia. La calidad de nuestro sueño afecta a su vez a la calidad de nuestra vida, lo que constituye un excelente ejemplo de espiral ascendente, en la que un cambio positivo entraña otros resultados positivos.

La calidad del sueño también se ve afectada por las fluctuaciones químicas diarias llamadas ritmos circadianos, que controlan un gran número de procesos, como el hambre, el estado de alerta y la temperatura corporal.

La calidad del sueño es mejor cuando tu horario de sueño está sincronizado con tus ritmos circadianos. Por desgracia, la sociedad moderna puede sacarnos de esa sincronización de muchos modos. El primero consiste en mirar luces brillantes en el momento equivocado. Cuando se pone el sol, tus ritmos circadianos le dicen a tu cerebro que es de noche y que debe empezar a prepararse para dormir.

Pero si enciendes luces brillantes, tu cerebro piensa que todavía es de día (después de todo, evolucionó mucho antes que la bombilla), y tus ritmos circadianos cambian. Muchas fuentes de luz pueden alterar el ciclo circadiano, como las lámparas, las pantallas de televisión, los ordenadores e incluso el teléfono móvil.

Si te cuesta conciliar un sueño regular y constante, considera la posibilidad de tomar medidas para mejorar tu higiene del sueño. Probablemente también mejorará tu estado de ánimo.

Qué puedes hacer

- Evita las luces brillantes una vez que se ponga el sol. No hace falta que andes a oscuras, pero cuando se acerque la hora de acostarte, apaga la mayoría de las luces de tu casa. Baja el brillo del monitor del ordenador o, mejor aún, no mires fijamente a la pantalla. Y asegúrate de que tu dormitorio esté muy oscuro cuando intentes dormir. Si en tu dormitorio tienes varios aparatos electrónicos con luces LED, pueden emitir luz suficiente para perturbar tu sueño. Llévalos a otra habitación o cubre las luces LED.
- Pon tus preocupaciones por escrito. Como ya hemos dicho, las preocupaciones perturban el sueño porque activan el córtex prefrontal –al igual que la planificación–. Si te preocupas o planificas mientras intentas conciliar el sueño, pon tus pensamientos por escrito. Sácatelos de la cabeza, escríbelos en un papel y listo.
- Haz que tu entorno sea confortable. Para que haya un sueño de calidad hay que calmar el cerebro; la sensación de incomodidad activa la respuesta de estrés del cerebro. Si tu dormitorio es demasiado frío o caliente, demasiado luminoso, ruidoso o incluso si huele mal, tu sueño podría interrumpirse sin que tú seas consciente de ello. Así que haz algo al respecto.

Si hay ruido del que no puedes deshacerte, añade un generador de ruido blanco, como un ventilador, porque distrae menos al cerebro.

- Ilumina tu día. Las luces brillantes durante el día ayudan a sincronizar tus ritmos circadianos y mejoran tu sueño. Así que dedica unos minutos a salir a caminar bajo la luz del sol. Esto tiene el beneficio añadido de aumentar tu serotonina y reducir el dolor. Un estudio sobre los efectos de la serotonina analizó a pacientes que se recuperaban de una cirugía de la columna en el hospital. Los pacientes que estaban en el lado soleado del hospital tenían menos estrés y necesitaban menos analgésicos (Walch et al. 2005). Si no puedes estar cerca de una ventana o salir fuera, al menos intenta trabajar en un entorno bien iluminado mientras brille el sol.

41

CREAR UN PLAN DE EMERGENCIA

Qué debes saber

Cuando la gente se siente muy deprimida, no siempre puede pensar con claridad. Si no piensas con claridad, puede que no seas capaz de cuidarte como necesitas. Crear un plan de emergencia mientras te sientes bien te brinda una herramienta eficaz para mantenerte seguro si alguna vez no piensas con claridad.

Echa un vistazo al plan de emergencia emocional de Jordan a continuación.

Paso 1: Dejar de pensar en lo que sea que me esté haciendo sentir deprimida –ahora mismo–. Centrar mi atención en algo que me haga sentir bien.

Paso 2: Respirar hondo unas cuantas veces para ayudarme a pensar con claridad.

Paso 3: Hacer una lista de todas las cosas buenas de mi vida –de todo lo que se me ocurra–.

Paso 4: Recordar todas las veces que he superado situaciones difíciles en el pasado.

Paso 5: Recordar que este sentimiento solo es temporal y pasará.

Paso 6: Hablar con mi madre, con mi mejor amiga, Lindsay, con mi tía Sarah o con mi *counselor* y decirles cómo me siento.

Una vez redactado su plan, Jordan hizo cuatro copias del mismo. Puso una en su despacho, otra en su bolso y otra en el cajón de su mesita de noche, y le dio una a su madre. Una vez puesto en marcha su plan, se sintió segura de que podría superar un momento duro de depresión sin hacerse daño.

Qué puedes hacer

Siguiendo el ejemplo, haz una lista de todas las cosas que sabes que te ayudarían a salir de la depresión y de todas las personas que podrían ayudarte si te sintieras extremadamente deprimido (y consulta la lista de recursos al final de este libro si necesitas ideas). Escribe a continuación tu propio plan de emergencia emocional. Haz tantas copias como necesites y ponlas en lugares que estén a mano en caso de necesitarlas.

Qué más puedes hacer

- Piensa en lo que sabes de ti mismo y en cómo te afectan los acontecimientos de tu vida. Anota cualquier situación en la que creas que podría resultarte útil un plan de emergencia emocional.
- Comparte tus respuestas con una persona en quien confíes. Habla sobre cómo actuarías si alguna vez se produjera alguna de estas situaciones. Después, elige al menos a otras dos personas con las que quieras compartir tu plan de emergencia. Escribe sus nombres y números en el propio plan de emergencia y explícales por qué las has elegido y qué podrían tener que hacer.

- Siéntate en silencio un momento y cierra los ojos. Imagínate en un momento en que te sientes muy deprimido. Imagínate sacando tu plan de emergencia en ese momento y poniendo en práctica, uno a uno, los pasos que has elegido. Imagínate encontrando ayuda y alivio utilizando tu plan. Imagínate sintiéndote mejor.

V

HACER FRENTE A LAS COSAS DIFÍCILES

42

MANEJAR EL RECHAZO SOCIAL

Qué debes saber

Tanto si tienes depresión como si no, los demás pueden ser con frecuencia una fuente de estrés y de ansiedad. Nuestros cerebros están programados para preocuparse por lo que la gente piensa de nosotros, razón por la cual sentirse juzgado o rechazado resulta tan angustioso. De hecho, como mostró un experimento con tecnología IRMf –que mide la actividad cerebral para revelar qué zonas del cerebro realizan funciones concretas–, la exclusión social activa los mismos circuitos que el dolor físico (Eisenberger, Jarcho, Lieberman, and Naliboff 2006). Por eso, evitamos la exclusión social por la misma razón que evitamos tocar una estufa caliente: ¡porque duele!

Curiosamente, las personas con una baja autoestima parecen experimentar una mayor activación en el cíngulo anterior (una zona del cerebro asociada a las emociones, especialmente la tristeza) que las que tienen una autoestima media o alta, lo que sugiere que sus cerebros son más sensibles al rechazo social (Onoda et al. 2010). También en la depresión el cerebro tiende a tener una mayor sensibilidad al rechazo social, generando una respuesta de estrés más fuerte.

Ahora bien, una mayor sensibilidad al rechazo social no es inherentemente algo malo. De hecho, a menudo es lo que crea armonía en el grupo, porque hace que la gente quiera encajar. Sin embargo, te pone en riesgo de caer en una espiral descendente en esos momentos en que alguien parece rechazarte –incluso cuando el rechazo no es real y es tu cerebro sensible a las amenazas el que te dice que sí–.

Cuando otras personas tienen el poder de hacerte daño, tiene sentido que a veces quieras estar solo. Es un mecanismo de afrontamiento perfectamente razonable y está bien con moderación. Pero, por desgracia, también puede ser como comer helado para afrontar el estrés, en el sentido de que hace que te sientas mejor momentáneamente, pero en realidad no resuelve el problema. Es decir, cuando estás deprimido, debes vigilar de cerca si usas el tiempo a solas de forma saludable –para recuperarte cuando estás especialmente abrumado y para hacer que aquello a lo que te estás enfrentando te resulte más manejable– o si reaccionas a la defensiva y de forma excesiva ante lo que en realidad no es un rechazo, sino un malentendido.

Qué puedes hacer

Reflexiona sobre el rechazo. A menudo nos sentimos rechazados cuando se trata simplemente de un malentendido. Por ejemplo, puede que le dejes un mensaje a un amigo y que este no te devuelva la llamada. Es fácil suponer que tenía la intención de herirte o que no le importas lo suficiente. Sin embargo, esas no son las únicas opciones. Un escenario más probable es que tu amigo estaba demasiado ocupado y se olvidó de responderte –o que simplemente no recibió el mensaje–. Pensar en otras posibilidades activa el córtex prefrontal medial –mejorando la regulación sobre el sistema límbico (la parte del cerebro implicada en las respuestas conductuales o emocionales) y ayudándote a sentirte mejor–. A veces puede resultar útil pedirle a tu amigo que aclare sus intenciones. Además, ten en cuenta que los sentimientos de rechazo social se ven potenciados por el mal humor o la depresión. Así que, por malo que parezca, en realidad no lo es tanto.

43

MANEJAR EL TRASTORNO AFECTIVO ESTACIONAL

Qué debes saber

Muchas personas disfrutan más de los días claros y soleados que de los días oscuros y nublados. Sin embargo, algunas personas son tan sensibles a la cantidad de luz que reciben que puede afectar en mayor medida a su estado de ánimo. Las personas que se deprimen mucho durante los meses más oscuros del invierno pueden padecer una enfermedad denominada trastorno afectivo estacional (TAE). Una forma más leve de esta afección se llama «tristeza invernal».

La exposición a la luz y a la oscuridad tiene efectos en nuestro organismo. La melatonina, una sustancia química relacionada con el sueño, se produce en mayor cantidad cuando está oscuro. La serotonina, una sustancia química relacionada con sentirse bien, se produce más cuando hay luz. Durante los meses de invierno, en los que hay menos luz solar, el cuerpo de algunas personas produce tal cantidad de melatonina y tan poca de serotonina que pueden empezar a sentirse deprimidas. Entre los síntomas de los trastornos estacionales pueden incluirse la depresión, la irritabilidad, la falta de energía, una mayor necesidad de dormir, el ansia de ingerir dulces, comer en exceso, el aumento de peso, la dificultad para concentrarse y la disminución del interés por las actividades sociales. Estos síntomas pueden empezar ya en otoño, alcanzar su punto álgido en enero y febrero, y volver a disminuir en primavera.

Qué puedes hacer

Si experimentas síntomas de TAE o tristeza invernal, puedes ayudarte de las siguientes maneras:

- Infórmate a ti mismo, a tus amigos y a tu familia sobre estas afecciones.
- Prueba la fototerapia o «terapia de luz». La exposición a cajas especiales de luz brillante puede reducir los síntomas depresivos en algunas personas.
- Utiliza bombillas de mayor potencia o de espectro completo.
- Aumenta tu exposición a la luz exterior pasando más tiempo al aire libre, despejando las ventanas y las puertas de cortinas pesadas, reorganizando los espacios de trabajo de modo que pases más tiempo cerca de una ventana, o sentándote junto a ventanas en lugares públicos.
- Haz ejercicio regularmente, al aire libre si es posible, o en interiores cerca de una ventana.
- Pide ayuda con las tareas escolares si tienes dificultades para concentrarte.
- Intenta comer de forma nutritiva para mantener tu nivel de energía alto y tu salud estable.
- Intenta mantener una rutina de sueño estable y permanece despierto durante el mayor número posible de horas de luz.
- Haz que te resulte más sencillo despertarte poniendo un temporizador que encienda las luces de tu dormitorio treinta minutos antes de levantarte.

- Si es posible, vete de vacaciones a un clima más cálido y soleado.
- Habla con un *counselor* sobre tus sentimientos y aprende formas sanas de afrontarlos.

Qué más puedes hacer

Piensa si te afecta mucho el cambio de luz solar a lo largo del año. Para cada una de las siguientes categorías, utiliza una escala del 1 al 5 para mostrar cómo te encuentras durante los meses de invierno –cinco significa cantidades altas, o mucho–:

- Mi nivel de energía.
- La cantidad de tiempo que duermo.
- Mi nivel de depresión.
- Mi nivel de irritabilidad.
- Mi nivel de productividad.
- Cuánta hambre tengo.
- Cuánto como.
- Cuánto peso.
- Mi capacidad de concentración.
- Cuánto me gusta socializar.
- Lo feliz que soy en general.

Observa tus valoraciones y rodea con un círculo las categorías que hayas valorado con un 3 o menos. Son indicios de que los meses de invierno están afectando a tu estado de ánimo.

Repasa algunas de las estrategias de afrontamiento saludables que has aprendido anteriormente en el libro. Dite a ti mismo cuál de las ideas de afrontamiento crees que más te ayudaría a manejar tus sentimientos estacionales de depresión.

44

REPARAR LAS TPIR

Qué debes saber

Tarde o temprano, prácticamente todo el mundo tiene tensiones que provocan interferencias en las relaciones, o TPIR, por distintos motivos y en grados variados. Algunas son temporales. Otras persisten. La depresión es una de esas afecciones que pueden provocar TPIR persistentes.

Cuando uno de los miembros de una relación sufre una depresión significativa, es probable que estrese al otro. Sin embargo, las interacciones antes y durante la depresión pueden ser similares. Por ejemplo, las riñas y las peleas caracterizan a menudo las interacciones de las parejas en dificultades, incluso si la depresión no está presente (Jackman-Cram, Dobson, and Martin 2006). Cuando se producen TPIR en las relaciones conyugales, estas fricciones pueden incluir más hostilidad y falta de afecto, y puede sobrevenir una depresión mayor (Gotlib and Hammen 1992).

Un esfuerzo deliberado por practicar la empatía con los demás y forjar conexiones más fuertes con ellos puede interferir en este patrón destructivo. Tomar conciencia de las posibles TPIR te abre la oportunidad de reprimir el impulso de intensificar y probar un camino diferente, quizá más empático. Como sucede con la mayoría de los cambios significativos, normalmente lleva tiempo y esfuerzo inclinar la balanza en tus relaciones desde la discordia hacia la empatía –pero puedes hacerlo si lo intentas–.

Un cliente llamado Danny estaba enamorado de su mujer. Una mañana se despertó y la odiaba. Se divorció, pero luego se preguntó si había cometido un error. Danny era propenso a la depresión bipolar. Su historial mostraba un patrón de cambios importantes en la vida cuando su depresión surgía de la nada: cambio de trabajo, mudanza a una zona nueva, divorcio.

Danny practicó la autoempatía. Aceptó que sus percepciones y pensamientos se distorsionan cuando está deprimido. Planificar sus actividades le ayudó a estabilizar sus rutinas. Trabajó para romper su patrón disfuncional suspendiendo los juicios sobre la adopción de cualquier cambio importante cuando estaba deprimido. Y tomó medidas para preservar sus relaciones actuales siguiendo las cinco E:

- **Examina** tus relaciones para detectar oportunidades en las que puedas tender puentes empáticos. Por ejemplo, tu depresión puede ser más tenaz de lo que preferirías, y tienes que aceptar que lleva tiempo salir de ella. Saber esto puede ayudarte a ser empático con otra persona que experimente frustración.
- **Evalúa** tus oportunidades para mantener abiertos los caminos entre tú y las personas que normalmente son significativas para ti. ¿Qué tres personas son más importantes para ti? ¿Qué puedes hacer para comunicarte con ellas de forma constructiva? Por ejemplo, en ocasiones especiales, envía un regalo que encaje con sus aficiones o intereses. Fija una fecha e invítalas a comer. Envíales un correo electrónico para ver cómo les va.

- **Explica** a los demás que agradeces su paciencia durante tu etapa depresiva. Empatiza con los desafíos de los demás, por ejemplo, señalando que quizá no sea del todo agradable estar cerca de ti cuando estás desequilibrado por la depresión. Si cuentas con un grupo de apoyo, reconocer el modo en que contribuye a tu bienestar puede facilitar que todas las partes capeen el temporal.
- Obtén **[elicit]** *feedback* de las personas de tu entorno sobre cómo puedes mejorar la comunicación con ellas.
- Haz **evolucionar** tus relaciones. Esfuérzate un poco. Plantea nuevas ideas sobre cómo podría cambiar tu relación con alguien. Examina tu límite personal de hasta dónde podrías llegar con alguien, e intenta quedarte en esa zona límite. Observa cómo sientes el impulso de hacer algo fuera de tu zona de confort por otra persona. Con el tiempo, puede que te sientas socialmente reconectado.

Los factores E para el desarrollo de la empatía te ayudarán a encontrar un puente entre tú y las personas de tu entorno –especialmente cuando tu depresión hace que te resulte más difícil ser el tipo de pareja, amigo, compañero de trabajo y demás que quieres ser– para que puedas construir el tipo de relaciones que pueden hacer que resulte más fácil lidiar con la depresión.

Qué puedes hacer

Si hay una relación en tu vida que esté especialmente estresada, usa la empatía para reparar esas TPIR.

1. Examina los motivos de las TPIR.
2. Evalúa oportunidades para realizar reparaciones.
3. Explica lo que quieres conseguir.
4. Obtén cooperación.
5. Haz evolucionar la relación con la resolución conjunta de problemas.

Siéntete libre de utilizar una hoja de papel para anotar las reflexiones y planificar los siguientes pasos.

45

HACER FRENTE AL CAMBIO

Qué debes saber

Es normal experimentar algunos sentimientos de malestar cuando te enfrentas a acontecimientos de la vida que provocan cambios, incluso cuando estos son positivos. Adaptarse al cambio, sea cual sea su naturaleza, requiere tiempo y energía. Pero cuando aprendes formas sanas de hacer frente al cambio, el malestar pasa más rápidamente en vez de convertirse en depresión.

Mientras estés vivo, experimentarás cambios. Es una parte normal del ser humano. El mundo está diseñado para cambiar; cambian las estaciones, cambia el tiempo, todos los seres vivos crecen, se desarrollan y cambian a lo largo de su vida.

Aunque es posible adaptarse al cambio, implica pensar y actuar de formas nuevas, lo que requiere tiempo y energía. Cuando eres consciente de que necesitas este tiempo y esta energía adicionales, puedes comprender que la adaptación al cambio no se produce inmediatamente. Aunque esto pueda hacerte sentir incómodo durante un tiempo, esta sensación es normal y pasará. Mientras tanto, puedes centrarte en ayudarte a ti mismo durante la transición.

Qué puedo hacer

Practicar cualquiera de las acciones de afrontamiento saludables que indicamos a continuación puede ayudarte en una época de cambio. Algunas preservan y crean energía; otras liberan sentimientos depresivos, que requieren energía para mantenerse dentro:

- Dormir lo suficiente (crea energía).
- Comer alimentos sanos (crea energía).
- Respirar aire fresco (crea energía).
- Hacer ejercicio físico (crea energía y libera la depresión).
- Expresar tus sentimientos hablando o escribiendo (libera la depresión).
- Centrarte en lo positivo de ti mismo y de la situación (libera la depresión).
- Recordarte a ti mismo que las cosas acabarán mejorando (libera la depresión).
- Participar en actividades divertidas (libera la depresión).
- Reír (crea energía y libera la depresión).

Elige un acontecimiento vital reciente de tu línea temporal. En un cuaderno o en una hoja de papel aparte, describe cómo utilizaste, o podrías haber utilizado, cada una de las acciones de afrontamiento para ayudarte a superarlo.

Acontecimiento:

Dormir:

Alimentos sanos:

Aire fresco:

Ejercicio:

Expresión de sentimientos:

Centrarse en lo positivo:

Pensar en cómo serán las cosas cuando mejoren:

Actividades divertidas:

Risas:

Piensa ahora en un acontecimiento de la vida que vaya a producirse en un futuro próximo. Describe cómo puedes emplear cada una de las acciones de afrontamiento descritas anteriormente para ayudarte a superarlo.

46

EVITAR AUTOCALMARSE CON SUSTANCIAS

Qué debes saber

Algunas personas desean tanto escapar de sus sentimientos de depresión que recurren a sustancias que alteran el estado de ánimo, como el alcohol o las drogas, para intentar sentirse mejor rápidamente. Por desgracia, debido al modo en que afectan al cerebro, estas sustancias suelen acabar empeorando la depresión. En vez de contribuir a solucionar el problema, el alcohol y las drogas solo lo agravan.

Cuando intentamos automedicarnos y recurrimos al alcohol o a las drogas para sentirnos mejor, al principio podemos sentirnos bien. Pero al final, acabas sintiéndote peor que cuando empezaste. Esto se debe a que el consumo repetido de estas sustancias daña los receptores cerebrales y los mensajeros cerebrales conocidos como neurotransmisores.

Los neurotransmisores son sustancias químicas que ayudan a transmitir mensajes entre las células nerviosas del cerebro. Ciertos neurotransmisores regulan nuestro estado de ánimo. Y, nuevamente, el alcohol y las drogas pueden dañar estos neurotransmisores, lo que puede hacer que los consumidores se sientan deprimidos incluso cuando no lo estaban al principio.

El consumo de alcohol y drogas también puede contribuir a situaciones y a comportamientos depresivos, como un menor rendimiento escolar, problemas en las relaciones familiares y sociales, falta de concentración y bajos niveles de energía. Ser detenido por consumo ilegal de alcohol o drogas también se convierte en un riesgo, y este es otro acontecimiento de la vida que puede contribuir a la depresión. En última instancia, cuando se trata de depresión y bajo estado de ánimo, el alcohol y las drogas suelen ser «soluciones rápidas» que terminan sin solucionar nada en absoluto.

Si las sustancias se han convertido en una forma de afrontar tu depresión y su consumo se ha convertido en un problema para ti, merece la pena intentar encontrar alternativas a la solución rápida que representan las sustancias –que sean más eficaces para calmarte y resolver tus problemas–.

Qué puedes hacer

Piensa en una situación en la que hayas intentado recurrir a una solución rápida para resolver un problema. ¿Resolvió la solución rápida el problema de forma permanente?

¿Qué habría hecho falta en realidad para resolver el problema de forma permanente?

Describe una situación en la que un familiar o un amigo intentara recurrir a una solución rápida para resolver un problema. Piensa si la solución rápida resolvió el problema de forma permanente.

¿Qué habría hecho falta en realidad para resolver el problema de forma permanente?

¿Por qué crees que la gente intenta recurrir a soluciones rápidas si sabe que realmente no resolverán los problemas de forma permanente?

¿Cómo puede el consumo de alcohol o drogas hacer que termines sintiéndote aún más deprimido?

REFERENCIAS

Armitage, C. J., P. R. Harris, G. Hepton, L. Napper. 2008. "Self-Affirmation Increases Acceptance of Health-Risk Information Among UK Adult Smokers with Low Socioeconomic Status." *Psychology of Addictive Behaviors* 22: 88–95.

Brown, F., W. Buboltz, B. Soper. 2002. "Relationship of Sleep Hygiene Awareness, Sleep Hygiene Practices, and Sleep Quality in University Students." *Behavioral Medicine* 27: 33–38.

Eisenberger, N. I., J. M. Jarcho, M. D. Lieberman, B. D. Naliboff. 2006. "An Experimental Study of Shared Sensitivity to Physical Pain and Social Rejection." *Pain* 126: 132–138.

Epley, N., J. Schroeder, A. Waytz. 2013. "Motivated Mind Perception: Treating Pets as People and People as Animals." In S. J. Gervais (Ed.), *Objectification and (De)Humanization*. New York: Springer.

Epton, T., P. R. Harris. 2008. "Self-Affirmation Promotes Health Behavior Change." *Health Psychology* 27: 746–752.

Field, T., M. Hernandez-Reif, M. Diego, S. Schanberg, C. Kuhn. 2005. "Cortisol Decreases and Serotonin and Dopamine Increase Following Massage Therapy." *International Journal of Neuroscience* 115: 1397–1413.

Froh, J. J., C Yurkewicz, T. B. Kashdan. 2009. "Gratitude and subjective well-being in early adolescence: Examining gender differences." *Journal of Adolescence* 32: 633–650.

Gotlib, I. H., C. L. Hammen. 1992. *Psychological Aspects of Depression: Toward a Cognitive-Interpersonal Integration*. Oxford, England: John Wiley and Sons.

Heller, W., J. B. Nitschke. 1997. "Regional Brain Activity in Emotion: A Framework for Understanding Cognition in Depression." *Cognition and Emotion* 11: 637–661.

Irwin, M., C. Miller, G. C. Gillin, A. Demodena, C. L. Ehlers. 2000. "Polysomnograhic and Spectral Sleep EEG in Primary Alcoholics: An Interaction Between Alcohol Dependence and African-American Ethnicity." *Alcoholism Clinical and Experimental Research* 24: 1376–1384.

Jackman-Cram, S., K. S. Dobson, R. Martin. 2006. Marital problem-solving behavior in depression and marital distress. *Journal of Abnormal Psychology* 115 (2): 380–384.

Joseph, N. T., H. F. Myers, J. R. Schettino, N. T. Olmos, C. Bingham-Mira, I. Lesser, et al. 2011. "Support and Undermining in Interpersonal Relationships Are Associated with Symptom Improvement in a Trial of Antidepressant Medication." *Psychiatry* 7: 240–254.

Leasure, J. L., M. Jones. 2008. "Forced and Voluntary Exercise Differentially Affect Brain and Behavior." *Neuroscience* 156: 456–465.

Levenson, D., E. Stoll, S. Kindy, R. Davidson. 2014. "A Mind You Can Count On: Validating Breath Counting as a Behavioral Measure of Mindfulness." *Frontiers of Psychology: Consciousness* 120: 1–10.

Lund, I., Y. Ge, L.-C. Yu, K., Unväs-Moberg, J. Wang, C. Yu, et al. 2002. "Repeated Massage-Like Stimulation Induces Long-Term Effects on Nociception: Contribution of Oxytocinergic Mechanisms." *European Journal of Neuroscience* 16: 330–338.

Nerbass, F. B., M. I. Feltrim, S. A. De Souza, D. S. Ykeda, G. Lorenzi-Filho. 2010. "Effects of Massage Therapy on Sleep Quality After Coronary Artery Bypass Graft Surgery." *Clinics (Sao Paulo)* 65: 1105–1110.

Onoda, K., Y. Okamoto, K. Nakashima, H. Nittono, S. Yoshimura, S. Yamawaki, et al. 2010. "Does Low Self-Esteem Enhance Social Pain? The Relationship Between Trait Self-Esteem and Anterior Cingulate Cortex Activation Induced by Ostracism." *Social Cognitive and Affective Neuroscience* 5: 385–391.

Pretty, J., J. Peacock, M. Sellens, M. Griffin. 2005. "The Mental and Physical Health Outcomes of Green Exercise." *International Journal of Environmental Health Research* 15: 319–337.

Roehrs, T., T. Roth. 2001. "Sleep, Sleepiness, Sleep Disorders and Alcohol Use and Abuse." *Sleep Medicine Reviews* 5: 287–297.

Reid, K. J., K. G. Baron, B. Lu, E. Naylor, L. Wolfe, P. C. Zee. 2010. "Aerobic Exercise Improves Self-Reported Sleep and Quality of Life in Older Adults with Insomnia." *Sleep Medicine* 11: 934–940.

Sayal, K., S. Checkley, M. Rees, C. Jacobs, T. Harris, A. Papadopoulos, et al. 2002. "Effects of Social Support During Weekend Leave on Cortisol and Depression Ratings: A Pilot Study." *Journal of Affective Disorders* 71: 153–157.

Tops, M., Riese, H., Oldehinkel, A. J., Rijsdijke, F. V., & Ormel, J. (2008). Rejection sensitivity relates to hypocortisolism and depressed mood state in young women. *Psychoneuroendocrinology,* 33(5): 551–559.

Uvnäs-Moberg, K. 1998. "Oxytocin May Mediate the Benefits of Positive Social Interaction and Emotions." *Psychoneuroendocrinology* 23: 819–835.

Walch, J. M., B. S. Rabin, R. Day, J. N. Williams, K. Choi, J. D. Kang. 2005. "The Effect of Sunlight on Postoperative Analgesic Medication Use: A Prospective Study of Patients Undergoing Spinal Surgery." *Psychosomatic Medicine* 67: 156–163.

William J. Knaus, EdD, es un psicólogo que cuenta con más de cuarenta y seis años de experiencia clínica trabajando con personas que sufren ansiedad, depresión y procrastinación. Ha participado en numerosos programas de televisión regionales y nacionales, incluido *The Today Show,* y en más de cien programas de radio. Sus ideas han aparecido en revistas nacionales como *U.S. News & World Report* y *Good Housekeeping,* y en periódicos importantes como *The Washington Post* y *Chicago Tribune.* Es uno de los directores fundadores de la formación psicoterapéutica postdoctoral en terapia racional emotiva conductual (TREC). Knaus es autor o coautor de más de veinticinco libros, entre ellos *The Cognitive Behavioral Workbook for Anxiety, The Cognitive Behavioral Workbook for Depression* y *The Procrastination Workbook.*

Alex Korb, PhD, es neurocientífico, escritor y *coach.* Lleva más de quince años estudiando el cerebro y la salud mental. Cuenta con una licenciatura en neurociencia por la Universidad Brown, y un doctorado en neurociencia por la Universidad de California en Los Ángeles (UCLA). Es autor de *Neurociencia para vencer la Depresión. La espiral ascendente* y *The Upward Spiral Workbook,* y actualmente es profesor asistente adjunto en el Departamento de Psiquiatría y Ciencias Bioconductuales de la UCLA. Además de su trabajo en el laboratorio, está disponible para asesoramiento personal, servicios de consultoría y conferencias. Es entrenador jefe del equipo femenino de Ultimate Frisbee de la UCLA, y tiene una amplia experiencia en yoga y *mindfulness,* en actividad física e incluso en monólogos de humor.

Patricia J. Robinson, PhD, es directora de formación y evaluación de programas en Mountainview Consulting Group, Inc., una empresa que ayuda a los sistemas sanitarios a integrar los servicios de salud conductual en los entornos de atención primaria. Es coautora de *Real Behavior Change in Primary Care* y *Manual práctico de mindfulness y aceptación contra la depresión.* Tras explorar la psicología de la atención primaria como investigadora, dedicó sus esfuerzos a su difusión en la América rural, en los departamentos de salud pública urbana y en los centros de tratamiento médico militar.

Lisa M. Schab, LCSW, es psicoterapeuta en ejercicio en el área metropolitana de Chicago (Illinois), y autora de varios libros de autoayuda, entre ellos *The Anxiety Workbook for Teens* y *The Self-Esteem Workbook for Teens*, así como de los diarios guiados para adolescentes *Put Your Worries Here* y *Put Your Feelings Here*. Ha sido entrevistada como experta en las cadenas de televisión de Milwaukee WTMJ-TV y WISN-TV, y ha publicado artículos en *The New York Times*, en las revistas *Scholastic's Choices, Teen Vogue, Psych Central* y *Your Teen Magazine*. Schab ha escrito regularmente columnas sobre preadolescentes y adolescentes para *Chicago Parent*, y sobre familias sanas para *The Sun Newspapers*. Es miembro de la National Association of Social Workers (NASW).

Kirk D. Strosahl, PhD, es cofundador de la Terapia de Aceptación y Compromiso (ACT), un enfoque cognitivo-conductual que ha alcanzado un uso generalizado en las comunidades de salud mental y de abuso de sustancias. Es coautor de *Brief Interventions for Radical Change* y de *In This Moment*. Strosahl presta servicios de formación y consulta para Mountainview Consulting Group, Inc. Es pionero en el movimiento para llevar los servicios de salud conductual a la atención primaria.

Títulos recomendados

Colección: Serendipity

ISBN: 978-84-330-3259-1

Páginas: 224

Encuadernación: Rústica con solapas

Formato: 14 x 21 cm

Edición: 1ª

Jesús Vega

Yo tampoco puedo con todo

Una guía para cuidarme y priorizar mi salud mental

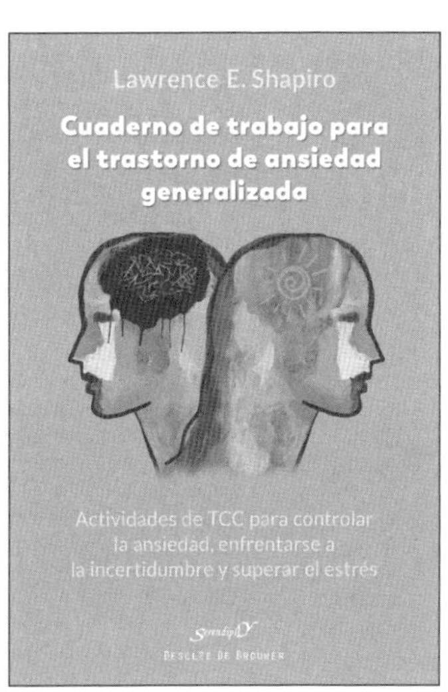

Colección: Serendipity

ISBN: 978-84-330-3266-9

Páginas: 192

Encuadernación: Rústica con solapas

Formato: 14 x 21 cm

Edición: 1ª

Lawrence E. Shapiro

Cuaderno de trabajo para el trastorno de ansiedad generalizada

Actividades de TCC para controlar la ansiedad, enfrentarse a la incertidumbre y superar el estrés

DIRECTORA: OLGA CASTANYER

ÚLTIMOS TÍTULOS PUBLICADOS

220. *Disfruta en escena. Y olvida tus miedos.* ELENA MARTÍN CALVO
221. *Mente plena, corazón contento. Un programa de Mindfulness y Regulación Emocional.* GONZALO PEREYRA SÁEZ
222. *Quiero aprender... a gestionar mi estrés.* ELENA MENDOZA - CARMEN CASTRO (2ª ed.)
223. *Mi único sí. Aprendizajes de un cáncer.* ANA CARDONA
224. *Altamente capaces (y divergentes).* RAFAEL PARDO FERNÁNDEZ - LUZ GONZÁLEZ RUBIN
225. *Las 7 tareas espirituales del duelo.* JOSÉ CARLOS BERMEJO (2ª ed.)
226. *Otromundo. Descubrirlo, vivirlo, comprenderlo. Una guía de viaje al mundo de las personas con demencia.* ERICH SCHÜTZENDORF - JÜRGEN DATUM
227. *Reactívate. Menos medicamento y más movimiento.* ANTONIO JESÚS CASIMIRO ANDÚJAR - JOSÉ ANTONIO SANDE MARTÍNEZ (2ª ed.)
228. *Meditación y creación literaria. Aprende a vivir y a escribir mejor.* PILAR BLANCO
229. *Me cuesta estar bien.* ROCÍO RIVERO
230. *Cuaderno de trabajo para el cambio de hábitos. Cómo romper hábitos negativos e instalar hábitos positivos.* JAMES CLAIBORN / CHERRY PEDRICK
231. *¿Tengo un trauma corporal? Herramientas somáticas para sentirte seguro con tu cuerpo.* ERIKA SHERSHUN
232. *Conoce tu ansiedad y aprende a gestionarla. Una visión integradora de la ansiedad.* PUBLIO VÁZQUEZ
233. *Psicología positiva: aprende a ser feliz con la ciencia del bienestar.* IAGO TAIBO
234. *La mesa de la vida. Manual contra el sufrimiento y la desesperanza.* E. GALINDO BONILLA
235. *La asertividad por dentro y por fuera.* OLGA CASTANYER - ELENA VILLAR
236. *Dinámicas de grupos. Aprende a convivir, trabajar y dirigir grupos.* J. GARCÍA FORCADA
237. *Cuaderno de trabajo para la ira basado en la Terapia de Aceptación y Compromiso (ACT). Gestionar nuestras emociones y recuperar nuestra vida.* MANUELA O'CONNELL - ROBYN WALSER
238. *Da vida a tus sueños. 12 caminos para crecer y despertar.* MAGDA BARCELÓ
239. *Bondad práctica y radical. Yo conmigo Yo contigo Nosotros y Nosotras.* J. L. BIMBELA
240. *Sanar la ansiedad. Técnicas de respiración consciente y desarrollo personal para transformar la ansiedad en la vida que deseas.* IVÁN SÁNCHEZ
241. *Yo tampoco puedo con todo. Una guía para cuidarme y priorizar mi salud mental.* J. VEGA
242. *La escritura que cura. Manual de escritura expresiva para no profesionales.* L. ETXEBARRIA
243. *Liberémonos del narcisismo.* MARIBEL RODRÍGUEZ
244. *Cuaderno de trabajo para el trastorno de ansiedad generalizada. Actividades de TCC para controlar la ansiedad, enfrentarse a la incertidumbre y superar el estrés.* DR. LAWRENCE E. SHAPIRO
245. *Kit de herramientas para la depresión. Alivio rápido para mejorar el estado de ánimo, aumentar la motivación y sentirse mejor ahora.* WILLIAM J. KNAUS, EDD - ALEX KORB, PHD - PATRICIA J. ROBINSON, PHD - LISA M. SCHAB, LCSW - KIRK D. STROSAHL, PHD

Serie MAIOR

77. *Aprendiendo a habitarnos. Un modelo de intervención psicoterapéutica con personas con historia de trauma.* PEPA HORNO GOICOECHEA (2ª ed.)
78. *Violencia vicaria. Golpear donde más duele.* SONIA VACCARO
79. *Reconocer y superar las relaciones tóxicas y la dependencia emocional. El apego adulto y el modelo PARCUVE.* MANUEL HERNÁNDEZ PACHECO
80. *La psicóloga en casa. Las posibilidades de la intervención psicológica en el domicilio de las personas.* NATALIA ZAIRA PEDRAJAS SANZ - Ilustraciones de BELÉN BRIGIDO